作っておくと、便利なおかず

仕事と家事で、日々走り回っている人
育児や介護で、忙しい人
おけいこ事や勉強などで、時間がない人

忙しい理由は、人それぞれ。ですが、おいしい料理を
食べたい、体のためにバランスのよい食事を
作りたいと願う気持ちはひとつです。

ベターホームの先生たちも、教室でプロとして
料理を教えながら、家庭ではひとりの主婦として、
家族のために日々の食事を支えています。
毎日毎日が、それこそ「あ～時間がない」の
連続ですが、限りある時間の中で、
見事にやりくりしています。

その秘けつは、**“作りおきのおかず”**。

「まとめて下ごしらえ」「まとめて作る」ことで、
帰宅後のわずかな調理時間でも、あわてずに
すむのです。そこで、この本では、ベターホームの
先生たちの“作っておくと、便利なおかず”の
レシピやアイディアをまとめました。

10～20分で作れたり
温めるだけで食べられたり
ちょっとのアレンジで、新しい味になったり
お弁当作りの時間が半減したり
家にあるものだけで作れたり

どれも、かんたん＆びっくり！の料理ばかりです。

この本の中から、あなたのお気に入りをたくさん
見つけてください。料理作りがもっともっと楽しく、
かんたんになるはずです。

ベターホーム出版局

目　次

10〜20分で作れる
スピード作りおきおかず

だいこんのぽりぽり甘酢漬け

にんじんとツナのいためサラダ

なすのこってりみそいため

ながいものさっぱりきんぴら

ミニトマトときゅうりのスイートピクルス

焼きとりのロコモコ風

とり肉と大豆の和風煮

作りおきのおかずを作ったら ▶

1. さましてから

作った料理を保存するときは、かならずさましてから。熱いまま冷蔵庫や冷凍庫に入れると、庫内の温度が上がり、ほかの食品までいたんでしまいます。急ぐときはドライヤーの冷風をあてたり、うちわであおっても。

まとめ作りは、ゆとり作り　週末の作りおき

生揚げのステーキ 野菜みそソース

煮豚

いかのやわらかマリネ

豆のマリネ

さつまいものはちみつバター煮

ハンバーグ

かじきの揚げびたし カレー風味

2. 冷凍は薄く、平らにして

冷凍するときは、使いやすいように1回に使う量に分けます。ジッパーつきの保存袋などに入れたら、早く凍らせるために薄く、平らにし、空気を抜いて密封します。ステンレス製のトレーや容器にのせると早く凍ります。お弁当用の料理なら、アルミケースに小分けにして冷凍すると、詰めるときにそのまま入れられます。

作りおきであわてない！悩まない！朝のらくらく15分弁当

どうしよう、こまった！ときのお助けおかず

きゅうりの辛味漬け

きんぴらごぼう

わかさぎのエスカベーシュ

あじのビネガー煮

ひじきの煮もの

じゃがいもとたまねぎのこっくり煮

とり肉のケチャップマリネ

3. メモをつけて保存

2〜3日以上保存するときや、冷凍するときは、保存容器や保存袋に料理名と日づけを記入しておきます。料理が迷子になったり、冷蔵庫をあけながら悩む時間が減ります。キッチンに油性ペンやメモ用紙を用意しておくとよいでしょう。

おいしい朝食アイディア

先生のかんたんレシピ

料理の小ワザ

この本のきまり

○計量の単位
カップ1＝200ml　大さじ1＝15ml
小さじ1＝5ml
米用カップ1＝180ml（mlはccと同じ）

○電子レンジ
加熱時間は500Wのめやす時間です。600Wなら、加熱時間は0.8倍にしてください。

○だし
かつおだしをさします。だしの素を使うときは、表示どおりに使います。

○スープの素
「固形スープの素」「スープの素」「中華スープの素」の表記があります。固形スープの素とスープの素は、ビーフ、チキンなど、お好みで。中華スープの素はチキンスープの素で代用できます。

○マークについて

3~4日 日もち　**日もち**…保存容器や保存袋に入れて密閉し、冷蔵庫で保存したときの、保存期間のめやすです。

冷凍　**冷凍**…冷凍用の保存袋、冷凍に使える密閉容器などに入れて冷凍できます。1か月をめやすに食べきります。

お弁当　**お弁当**…お弁当にも使えるおかずです。

子ども　**子ども**…子どもにも食べやすい味のおかずです。

カリフラワーの
ゆかり漬け

にんじんの甘煮

ラタトゥイユ

焼き野菜のマリネ

ゴーヤとピーマンの
きんぴら

スペイン風オムレツ

切り干しだいこんの
牛しゃぶサラダ

4. なるべく早く食べる ―冷凍は1か月以内に―

家庭での冷凍は、市販の冷凍食品を製造するようには低温にできません。冷凍しても、酸化や乾燥で味は落ちていきます。おいしいうちに食べるためには、1か月（肉や魚は2週間）以内に使いきるようにします。

10～20分で作れる スピード作りおきおかず

帰宅後の短い時間で、料理をイチから作るのは大変です。
早く作ろうと気持ちがあせっていると、
鍋をこがしたり、失敗したり…。
そんなとき、1品でも"作りおきのおかず"ができていれば、
気持ちがずいぶんらくになります。
10～20分でできる作りおきのおかずなら、ごはん作りの
ついでに野菜を切ったり、出かける前にフライパンで
ジャジャッといためたりすればできあがり。
さあ、今からパパッと1品作っちゃいましょう。

お風呂にお湯を
ためている間に20分で

朝の出勤前に10分で
作っておけば

夕飯作りのついでに、
明日の分ももう1品

だから

帰宅後に、いろいろな
料理を作れなくても、安心

手早く作るための 4 STEP

1. 下ごしらえのらくな材料を選ぶ

—皮むきなし

きのこ、ピーマン、トマト、にら、アスパラガス

—下ごしらえいらず

缶詰、野菜や豆の水煮

2. ざっくり切る

3. 鍋ひとつ・電子レンジで作る

4. 市販品のたれ、ソースを味方にする

—めんつゆ、ぽん酢しょうゆ

きのこのおかか煮

4~5日 日もち

**きのこは、下ごしらえがらくな食材なので、時間のないときの料理作りにうってつけ。
おかか煮は、けずりかつおを1パック全部入れて煮るから、だしいらず。
日もちするので、きのこが安いときはたくさん作ってもよいでしょう（森）**

材料（4人分）

えのきだけ―1袋（100g）
しめじ―1パック（100g）
けずりかつお―1パック（5g）
A　みりん―大さじ2
A　酒―大さじ2
A　しょうゆ―大さじ1½

作り方　●1人分 35kcal

1 えのきだけは根元を切り、長さを半分にしてほぐします。しめじも根元を切り落とし、長ければ、半分に切ってほぐします。

2 鍋に**1**とけずりかつお、Aを入れて、3～4分煮ます。

温めたとうふにのせたり、はくさいとさっと煮てもおいしい

料理の小ワザ

きのこは忙しいときによく使います。牛肉や豚肉といため、オイスターソース、みそ、塩、バターなどで味の変化をつけています。買いすぎたときは、生のまま冷凍もできます（銀座教室　吉川文代）

さつまいものはちみつバター煮

3日 日もち　お弁当　子ども

甘くて、ごまたっぷりの大学いもをイメージして、作りやすく、食べやすいレシピを考えました。
コロコロに切って、電子レンジで加熱し、煮る時間を短縮します。
ちょっとした甘味がほしいお弁当にもぴったりです（香月）

材料（4人分）

さつまいも — 1本（200g）

A ｛はちみつ — 大さじ2／バター — 10g｝

いりごま（黒） — 小さじ1

作り方　●1人分 114kcal

1 さつまいもは皮つきのまま1.5㎝角に切ります。水にさらして、水気をきります。

2 耐熱容器に**1**を入れてラップをします。電子レンジで約3分、やわらかくなるまで加熱します。

3 Aを鍋に入れて弱火にかけます。バターが溶けたら、**2**を加えて、中火で汁気をとばしながらからめます。火を止めて、ごまを加えて全体にからめます。

おいしい朝食アイディア

忙しい朝は、おかずを一緒に盛り合わせてワンプレートに。ちょっとずつ残ったおかずや、お弁当用に作ったおかずの残りでも、こんなふうにプレートに並べると、目先が変わります。

ワンプレート朝ごはん

作っておくと便利な、きんぴら

油でいためて、しっかりした味に仕上げたきんぴらは、さっと作れて、日もちがします。いろいろなバリエーションで紹介します。

きんぴらごぼう

定番のきんぴらごぼうはやっぱりはずせません。がんばって細く切らなくても、充分おいしい。食感は少し変わりますが、冷凍もできます（香月）

3~4日 日もち　冷凍　お弁当

材料（4人分）

ごぼう―½本（100g）
にんじん―¼本（50g）
赤とうがらし―1本
ごま油―大さじ1
A 砂糖―大さじ1
　しょうゆ―大さじ1
　みりん―大さじ½
　だし―大さじ3
いりごま（白）―小さじ1

作り方　●1人分 70kcal

1 ごぼうは皮をこそげます。4～5㎝長さの太めのせん切りにして、水にさらします。水気をきります。にんじんもごぼうと同じ大きさに切ります。

2 赤とうがらしは種をとり、小口切りにします（水につけてやわらかくしてから両端を切り、水の中で種をもみ出します。キッチンばさみで切るとらく）。

3 鍋にごま油を温めて、**1** を強火でいため、油がまわったらAを加えます。中火にして、汁気がなくなるまでいため、赤とうがらしを加えます。器に盛り、ごまをひねってのせます。

つきこんにゃくのいり煮

こんにゃくは、水気をとばすようにしっかりいためてから、調味料を入れると、味がよくからみます（香月）

3日 日もち　お弁当

材料（4人分）

つきこんにゃく―1袋（200g）
A 酒―大さじ1
　しょうゆ―大さじ1
　みりん―大さじ½
サラダ油―大さじ½
七味とうがらし―少々

作り方　●1人分 26kcal

1 こんにゃくは、熱湯でさっと下ゆでします。水気をきります。

2 鍋に油を温め、**1** を強火で1～2分いためて、水気をとばします。Aを加えて汁気がなくなるまで、いため煮にします。器に盛り、七味とうがらしをふります。

ゴーヤと
ピーマンのきんぴら

**ビールに合いそうな夏のきんぴら。
味がしっかりしているので、
ゴーヤのにが味は気になりません。
ゴーヤだけで作るなら、
1本使います（森）**

3日 日もち　冷凍　お弁当

材料（4人分）

ゴーヤ — ½本（100g）
　塩 — 小さじ¼
ピーマン — 3個
ごま油 — 大さじ½
A［みりん — 大さじ½
　しょうゆ — 大さじ½
すりごま（黒） — 大さじ1

作り方　●1人分 34kcal

1 ゴーヤは縦半分に切り、種とわたをスプーンでこそげとります。薄切りにし、塩をふって、約5分おきます。軽く水気をしぼります。

2 ピーマンは縦半分に切って種をとり、5㎜幅に切ります。

3 フライパンにごま油を温め、ピーマンとゴーヤを中火でいためます。しんなりしたらAを加え、全体によくからめます。ごまを混ぜます。

ながいもの
さっぱりきんぴら

**酢を入れて、さっぱり味に仕上げました。
彩りがいいから、お弁当にも（藤岡）**

3〜4日 日もち　お弁当

材料（4人分）

ながいも — 100g
にんじん — ¼本（50g）
しいたけ — 6個
にんにく — ¼片
サラダ油 — 小さじ2
A［酢 — 大さじ1
　砂糖 — 小さじ1
　塩 — 少々

作り方　●1人分 44kcal

1 ながいもは3㎝長さ、1㎝角に切ります。にんじんは3㎝長さ、1㎝幅の薄切りにします。しいたけは石づきをとって、5㎜幅にします。にんにくは薄切りにします。

2 フライパンに油とにんにくを入れて中火でいため、香りが出たら、ながいもとにんじんを加えて1〜2分いためます。しいたけを加えてさっといため、Aを加えて、汁気がなくなるまでいためます。

にんじんとツナの
いためサラダ
にんじんの甘煮
にんじんのごま
マヨネーズあえ

にんじんのごま マヨネーズあえ

にんじんは、ゆでずに塩もみするだけで生のくせがなくなって、食べやすくなりました。ごまマヨネーズ味が子どもにも好評です（香月）

4日もち　お弁当　子ども

材料（4人分）

にんじん—3/4本（150g）
塩—小さじ1/3
A
すりごま（白）—大さじ2
マヨネーズ—大さじ2
酢—小さじ1
砂糖—少々

作り方　●1人分 62kcal

1 にんじんは、5cm長さの太めのせん切りにします。塩をふって約5分おき、しんなりしたら、水気をしぼります。

2 Aを合わせます。**1** を加えてあえます。

にんじんの甘煮

甘すぎず、あっさりとした味わいにしました。サラダ油を使うので、さめてもバターのようにかたまらず、お弁当にも入れられます
（渋谷教室　山上友子）

3日もち　お弁当　子ども

材料（4人分）

にんじん（細めのもの）
—1 1/2本（200g）
小たまねぎ—6個
A
水—カップ1
砂糖—大さじ1
塩—小さじ1/4
サラダ油—大さじ1/2

作り方　●1人分 45kcal

1 にんじんは7〜8mm幅の輪切りにします（太ければ半月切りにします）。小たまねぎは皮をむきます。

2 鍋ににんじんと小たまねぎ、Aを入れて火にかけます。

3 沸とうしたら中火にし、落としぶたとふたをして約15分、時々鍋をゆすりながら、やわらかくなるまで煮ます。

20min
調理時間

にんじんとツナの いためサラダ

わが家の定番おかずです。いためるので、ツナの油っぽさが消えてさっぱりと食べられます。こしょうがアクセント
（渋谷教室　佐治千夏）

3日もち　お弁当　子ども

材料（4人分）

にんじん—1本（200g）
塩—小さじ1/2
ツナ缶詰—1缶（80g）
あらびき黒こしょう—少々
酢—大さじ1

作り方　●1人分 73kcal

1 にんじんは、スライサー*でせん切りにします。塩をふって約5分おき、しんなりさせます。

2 フライパンを温め、ツナを油ごと入れます。**1**の水気をきって加え、中火で1分ほどいためます。しんなりしたら、あらびき黒こしょうをふり、酢を加えて火を止めます。

*なければ、皮むき器でリボン状に切っても

スライサーなら、あっという間に切れます

ミニトマトは竹串で穴をあけて、
味がしみこみやすいようにします

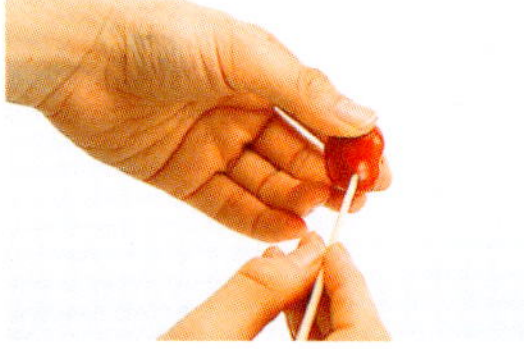

10分でできる作りおき

10min

豆のマリネ

材料をパパッと切って、マリネ液に漬けるだけ。
すぐ作れます。そのままはもちろん、
ドレッシング代わりにサラダ野菜にかければ、
具だくさんサラダに（香月）

4日 日もち　お弁当　子ども

材料（4人分）

ミックスビーンズ（水煮）
　―100g
たまねぎ―¼個（50g）
ミニトマト―2個

A
- パセリ（みじん切り）―1枚
- ローリエ―1枚
- ワインビネガー（白）―大さじ2
- 塩―小さじ⅙
- こしょう―少々
- オリーブ油―大さじ3

作り方　●1人分91kcal

1 Aは合わせます。
2 たまねぎは薄切りにします。ミニトマトは半分に切り、種をとって、さらに半分に切ります。
3 Aに、**2**とミックスビーンズを加えます。すぐ食べられます。

ミニトマトときゅうりのスイートピクルス

ミニトマトを丸ごと使う、ちょっと珍しいピクルス。
酸味と甘味がほどよく、お弁当にもってこい。
セロリを漬けてもおいしいです（森）

4日 日もち　お弁当

材料（6人分）

ミニトマト―1パック（200g）
きゅうり―2本

A
- ローリエ―1枚
- 砂糖―カップ½
- 酢―カップ1
- 水―カップ½
- 粒こしょう（白）―小さじ1

作り方　●1人分27kcal

1 鍋にAを温め、砂糖が溶けたらさまします。
2 ミニトマトは竹串で2～3か所穴をあけます。きゅうりは1cm幅の輪切りにします。
3 **2**を**1**に漬けます。1時間くらいおくと、おいしく食べられます。

かぶの千枚漬け

京都のおみやげでよく買う千枚漬けが、市販のすし酢であっという間に作れます。作ってすぐは塩気が強めなので、2日目からどうぞ（藤沢教室　田中啓子）

7日 日もち　お弁当

材料（4人分）
かぶ — 5個（500g）
きざみこんぶ — 5g
すし酢（市販品）— カップ½

作り方　●1人分 53kcal
1 かぶは皮をむき、小さいものはそのまま、大きいものは縦半分に切って1～2㎜厚さの薄切りにします。
2 保存容器に**1**ときざみこんぶを入れ、すし酢をそそぎます。冷蔵庫に入れて、1日おくと、味がなじみます。

※すし酢が少ないかなと思っても、野菜の水気が出てきて、ちょうどよくなります

料理の小ワザ
酢のものや酢漬けがすっぱいと感じたときは、砂糖やだし少々を加えると、酸味がやわらぎます（香月）

カリフラワーのゆかり漬け

ゆかりを使うと、きれいな色と香りで、風味のいい浅漬けになります。かぶやれんこん、だいこんなど白い野菜なら何でも作れます（香月）

4～5日 日もち　お弁当

材料（4人分）
カリフラワー — 400g
湯 — 1ℓ
酢 — 大さじ1
A
砂糖 — 大さじ1
酢 — 大さじ4
塩 — 小さじ¼
ゆかり — 小さじ1

作り方　●1人分 24kcal
1 カリフラワーは小房に分けます。Aは合わせます。
2 分量の湯をわかし、酢大さじ1を入れてカリフラワーを1～2分ゆでます。ざるにあけます。
3 2の水気をよくきって、Aに漬けます。1日おくと、味がなじみます。

かぶ・だいこんで作る場合
同量を使い、かぶならくし形切り、だいこんなら小さめの乱切りにします。ゆでずに、塩小さじ1をふってしんなりさせてから、Aに漬けます

きゅうりの辛味漬け

3日
日もち

夏の盛りのおいしいきゅうりで、ぜひ作ってみて。ほどよい辛味と酢のさっぱり感が、暑さをやわらげてくれます。たっぷり作ってもすぐなくなってしまいます（香月）

10min

材料（4人分）

きゅうり — 2本
　塩 — 小さじ½
ねぎ — ½本
A
- 赤とうがらし（小口切り） — ½本
- 砂糖 — 大さじ1
- 酢 — 大さじ2
- 塩 — 小さじ⅓
- しょうゆ — 小さじ2
- ごま油 — 小さじ½

作り方　●1人分 19kcal

1 きゅうりは縦4等分にし、5㎝長さ、1㎝幅の斜め切りにします。塩小さじ½でもみ、約5分おいて水気をしぼります。

2 ねぎは縦半分に切り、斜め薄切りにします。

3 電子レンジにかけられるボールなどにAを合わせて、**2**を加えます。ラップをして、電子レンジで約1分30秒加熱します。**1**を加えて、よく混ぜます。

先生の かんたん recipe

塩キャベツ

居酒屋で食べた味を、いろいろ試して再現しました（渋谷教室　福田妙子）

キャベツをひと口大に切ります。大きめのボールに入れて、**塩**（あら塩だとなおよい）と**ごま油少々**を加えて、軽く混ぜます。器に盛り、**いりごま（白）**をふります。

ぜんまいのナムル

ナムルは買うものと思いがちですが、かんたんに作れます。いためて作るので、あっという間にできあがり。見た目は地味ですが、独特の食感がおいしく、箸が進みます（森）

4日 日もち　冷凍　お弁当

材料（4人分）

ぜんまい（水煮）
　— 200g
ねぎ — 5cm
ごま油 — 大さじ½

A
- スープの素 — 小さじ¼
- 水 — カップ½
- 砂糖 — 大さじ1½
- しょうゆ — 大さじ1½

すりごま（白）— 大さじ1

作り方　●1人分 55kcal

1 ねぎはみじん切りにします。ぜんまいはかたいところを除いて熱湯でさっとゆでます。水気をきって、5～6cm長さに切ります。Aは合わせます。

2 フライパンにごま油を弱火で温め、ねぎをさっといためます。ぜんまいを入れて中火で1～2分いためます。Aを加え、汁気がなくなるまでいため煮にします。すりごまを混ぜます。

ぜんまいのナムルとほうれんそうのごまあえ、キムチをごはんにのせれば、かんたんビビンバに。好みでコチュジャンをのせて、糸とうがらしをのせます。混ぜて食べます

はくさいと干しえびの中国風あえもの

はくさいは、ゆでて使うので、たっぷり食べられます。味の決め手は、干しえび。ほんのちょっと加えるだけで、本格派のうま味が出ます（森）

3～4日 日もち

材料（4～6人分）

はくさい — 400g
にんじん — 30g
干しえび — 大さじ1

A
- 砂糖 — 大さじ1
- 酢 — 大さじ3
- しょうゆ — 大さじ1
- ごま油 — 大さじ1

赤とうがらし — 小1本

作り方　●1人分 53kcal

1 器に干しえびと水大さじ1（材料外）を入れ、ラップをして、電子レンジで約30秒加熱します。そのままおいて、やわらかくします。汁はとりおき、えびは2～3つに切ります。赤とうがらしは種をとり、小口切りにします。

2 はくさいは軸と葉に分け、軸は5～6cm長さ、1cm幅に切ります。葉は3～4cm角のざく切りにします。にんじんは3～4cm長さ、1cm幅の薄切りにします。

3 鍋に湯をわかし、にんじん、はくさいの軸を入れます。再び沸とうしたら、葉を加えてさっとゆでます。ざるにとって水気をきり、あら熱をとります。

4 大きめのボールに**1**、Aを加えて混ぜ、**3**の水気を軽くしぼって加え、混ぜます。

なすのこってりみそいため

3日 日もち　お弁当

なすは鮮度が落ちるのが早い野菜なので、残ってしまったときは、
シンプルないためものをさっと作っておきます。こってりみそ味が、ごはんによく合います（森）

10min

材料（2人分）

なす — 3個
しその葉 — 5枚
赤とうがらし — 小½本
A［酒 — 大さじ½
　甜麺醤（テンメンジャン） — 大さじ2］
サラダ油 — 大さじ1½

作り方　●1人分 152kcal

1 なすは皮をしまもようにむき、1.5㎝幅の輪切りにします。しそはせん切りにします。赤とうがらしは種をとります。Aは合わせます。

2 フライパンに油と赤とうがらしを入れて、中火で温めます。なすを入れていため、焼き色がついたら、Aを加えてからめます。しそを混ぜます。

先生の かんたんrecipe

なすのベーコン煮

大ぶりに切った、なすがとろんとおいしい
（大宮教室　廣兼久仁子）

材料（2人分）

なす — 2個
ベーコン — 1枚
サラダ油 — 大さじ1
A［水 — カップ½
　砂糖 — 大さじ½
　酒 — 大さじ1
　しょうゆ — 大さじ½］

作り方

1 なすは皮をしまもようにむき、3㎝幅の輪切り、ベーコンは1㎝幅に切ります。

2 フライパンに油を温め、ベーコンとなすをいためます。Aを加えてふたをずらしてのせ、なすがやわらかくなるまで煮ます。

焼き野菜のマリネ

3～4日 日もち　お弁当　子ども

カラフルな野菜をグリル風にさっと焼いて、マリネにしました。香ばしい焼き色だけをつけるので、野菜の歯ごたえが残ります。ズッキーニ、黒オリーブなどを入れても（藤岡）

材料（4人分）

かぶ — 2個（200g）
グリーンアスパラガス — 4本（100g）
黄ピーマン — 大½個（75g）
エリンギ — 大1本
A
- にんにく（すりおろす）— 少々
- 白ワイン — 大さじ1
- 酢 — 大さじ1
- 塩 — 小さじ¼
- オリーブ油 — 大さじ1

作り方　●1人分 44kcal

1 かぶは茎を1cmほど残し、葉は切り落とします。皮つきのまま1cm幅のくし形に切ります。アスパラガスは根元を切り落とし、かたいところの皮をむいて4cm長さに切ります。ピーマンはひと口大の乱切りにします。エリンギは長さを半分にし、縦4～6つ割りにします。ボールにAを合わせます。

2 油を入れずにフライパンを軽く温め、野菜を中火で3～4分焼きます。全体に焼き色がついたら、熱いうちにAにつけます。

先生の かんたん recipe

野菜いっぱいのごまあえ

たっぷり作ってサラダとして、おやつ代わりにも食べます。野菜を大ぶりに切るのがポイント
（梅田教室　野崎昌子）

材料（5～6人分）

にんじん — 1本（200g）　ブロッコリー — 1株
さやいんげん — 200g
すりごま（白）— 大さじ5
A
- だし — 大さじ3　砂糖 — 小さじ½
- しょうゆ — 大さじ1

*量が多めなので、半量にして作っても

作り方

1 にんじんは3cm長さ、1cm角に切ります。いんげんは3cm長さに切ります。ブロッコリーは小房に分けます。すべてかためにゆでて、水気をきります。

2 すりごまにAを加えます。野菜をあえます。

スペイン風オムレツ

2日もち　お弁当　子ども

ベーコンや豆、野菜などの具をたっぷり入れて大きく焼き、ボリュームたっぷりに仕上げました。
ゆでたほうれんそうや、生クリームを入れると、キッシュ風のリッチな味わいになります（藤岡）

材料（4人分）

卵—2個

A［ピザ用チーズ—30g
　 こしょう—少々

じゃがいも—1個（150g）

たまねぎ—½個（100g）

ミニトマト—4個

ベーコン—2枚

いんげん豆（水煮）—100g

塩・こしょう—各少々

オリーブ油—大さじ2

作り方　●1人分 242kcal

1 じゃがいもは4等分して薄切りにします。水にさらして水気をきります。皿にのせてラップをかけ、電子レンジで約3分加熱します。たまねぎは薄切り、ミニトマトは半分に切ります。ベーコンは1cm幅に切ります。大きめのボールに卵をときほぐします。

2 フライパンにオリーブ油大さじ1を温め、たまねぎを中火でいためます。しんなりしたら、ベーコン、いんげん豆、じゃがいもを加えていため、塩、こしょうをふります。

3 卵に**2**を加え、Aを加えて混ぜます。

4 フライパンの脂をペーパータオルでふきとります。オリーブ油大さじ1をたして温めます。**3**を流し入れ、ミニトマトをのせます。中火で1～2分焼き、ふたをして弱火でさらに3～4分焼きます。よい焼き色がついたら、裏返します（オムレツをそのまま皿にすべらせてとり出し、上からフライパンをかぶせて、ひっくり返します）。よい焼き色がつくまで焼きます。

先生のかんたんrecipe

ポテトのミルク煮

ほっくほくで、体が温まります

（札幌教室　山内かつみ）

じゃがいもを薄切りにして鍋に入れ、**頭が見えるくらいの牛乳**を加えます。弱火でやわらかくなるまで煮て、仕上げに**バター**を加え、**塩**、**こしょう**をふります。

*さらにグラタン皿などに入れて溶けるチーズをのせ、オーブントースターで焼いてもおいしい

じゃがいもとたまねぎのこっくり煮

甘辛味のじゃがいもの煮ものは、みんな大好きな家庭の味。じゃがいもは、男しゃくなら煮くずれて、とろけるような味わいになります。新じゃがやメークインなら煮くずれず、すっきりした味に仕上がります（藤岡）

3日日もち　お弁当　子ども

材料（4人分）

じゃがいも — 4個（600g）
たまねぎ — 1個（200g）
ベーコン — 3枚
サラダ油 — 大さじ1
A
- だし — カップ2
- 砂糖 — 大さじ2
- しょうゆ — 大さじ1½

作り方　●1人分 234kcal

1 じゃがいもは4つに切ります。水にさらして、水気をきります。たまねぎは1㎝幅のくし形切り、ベーコンは1㎝幅に切ります。

2 厚手の鍋にサラダ油を温め、中火でじゃがいもをいためます。全体に油がまわったら、ベーコン、たまねぎを加えていためます。

3 Aを加え、沸とうしたらアクをとります。鍋のふたをずらしてのせ、弱めの中火で汁気がほとんどなくなるまで煮ます。

おいしい朝食アイディア

このこっくり煮は、リフォームすれば、朝にも食べやすいおかずに変身。**こっくり煮¼量**をつぶし、**ピザ用チーズ30g**、**卵1個**、**パセリのみじん切り大さじ1**を加えて混ぜます。フライパンに**サラダ油小さじ1**を温めて生地を流し入れ、両面を約2分ずつ、ふたをして弱火で焼きます。

リフォームポテトパンケーキ

とり肉のケチャップマリネ

3日もち　お弁当　子ども

ケチャップ味?!と驚かれますが、ほのかな酸味と甘めの味が、子どもにも人気です。
グリルで肉や野菜を焼くときは、先に切ってしまうと、網から落ちて焼きにくいので、大きいまま焼くのがコツです（森）

20min

材料（4人分）

とりもも肉 — 2枚（400g）
A［塩 — 小さじ1/3　酒 — 大さじ1/2］
グリーンアスパラガス — 1束（100g）
かぼちゃ — 150g
B［砂糖 — 大さじ1　酢 — 大さじ2　しょうゆ — 大さじ2　トマトケチャップ — 大さじ4　水 — カップ3/4］

作り方　●1人分 255kcal

1 とり肉は身の厚いところは切り開き、Aで下味をつけます。
2 アスパラガスは、かたいところは皮をむきます。かぼちゃは5㎜厚さに切ります。
3 Bを鍋に合わせて、ひと煮立ちさせます。バットや保存容器などに移し入れます。
4 グリルで**1**、**2**をそれぞれ焼きます。肉は皮側を上にして入れ、よい焼き色がつくまで、両面を6〜7分ずつ焼きます。アスパラガスとかぼちゃは、両面を3〜4分ずつ焼きます。
5 肉は1枚を8等分にして、**3**につけます。アスパラガスはひと口大に切って、かぼちゃとともに**3**につけます。20分くらいおくと、おいしく食べられます。

先生のかんたんrecipe

ゆで豚肉のケチャップソースづけ

肉をゆでて、つけるだけ。お弁当に入れたり、レタスとあえても（仙台教室　今野敬子）

材料（4人分）

豚もも肉（薄切り）— 300g
たまねぎ（薄切り）— 1個（200g）
A［トマトケチャップ — 大さじ6　ウスターソース — 大さじ3　サラダ油 — 大さじ2　こしょう — 少々］

作り方

1 Aを合わせて、トレーや保存容器に入れます。たまねぎを加えます。
2 肉は7〜8㎝長さに切り、熱湯でゆでます。色が変わったら、水気をきって、**1**に入れます。

さばの豆板醤(トーバンジャン)いため

香味野菜を使い、しっかり味をつけるので、さばのくさみはありません。見た目ほど辛くはなく、ごはんにぴったりです。さめてもおいしいので、お弁当にも（藤岡）

3日 日もち　冷凍　お弁当

材料（4人分）

さば — 半身1枚（200g）
A［しょうゆ — 大さじ½／酒 — 大さじ½］
かたくり粉 — 大さじ1
ねぎ — 5cm
しょうが — 小1かけ（5g）
サラダ油 — 大さじ1
B［しょうゆ — 小さじ2／酒 — 小さじ2／豆板醤(トーバンジャン) — 小さじ1／水 — 大さじ1］

作り方　●1人分 166kcal

1 ねぎ、しょうがはみじん切りにします。さばは中骨があれば、中骨にそって包丁を入れてとります。腹骨をそぎとり、小骨をとります。2cm厚さのそぎ切りにします。Aで下味をつけ、約5分おきます。Bは合わせます。

2 さばの汁気をふいて、かたくり粉を両面にまぶします。

3 フライパンに油大さじ½を温め、さばを中火で両面が色づくまで焼きます。とり出します。

4 フライパンの汚れをペーパータオルでふき、油大さじ½をたして温めます。ねぎ、しょうがを弱火でいため、香りが出たらさばをもどし入れます。Bを加え、さばにからめます。

※レタスやサラダ菜を敷いて、盛りつけるとよいでしょう

生揚げとれんこんの煮もの

味のしみた和風の煮ものが一品あると、それだけで安心できます。使う材料はパパッと切れるものばかり。思い立ったら、手間なく作れます（森）

3日 日もち　お弁当

材料（4人分）

生揚げ — 1枚（200g）
れんこん — 200g
さやいんげん — 5本
ごま油 — 大さじ½
赤とうがらし — ½本
A［水 — カップ½／砂糖 — 大さじ1／しょうゆ — 大さじ1½／酒 — 大さじ1］

作り方　●1人分 132kcal

1 れんこんは太いところは2〜4つ割りにし、7〜8mm厚さに切ります。水にさらして水気をきります。いんげんは3〜4cm長さに切ります。

2 生揚げは熱湯をかけて油抜きし、ひと口大に切ります。赤とうがらしは種をとります。

3 鍋にごま油を温めて、れんこんと赤とうがらしを入れていためます。生揚げとAを加え、ふたをして中火で7〜8分煮ます。いんげんを加えて、煮汁が少なくなるまで煮ます。

切り干しだいこんの牛しゃぶサラダ

3日 日もち

乾物と牛肉という組み合わせが、意外においしい。切り干しだいこんは、もどさずにさっとゆでると、パリッとした食感が残って、香味ソースをたっぷり吸います（藤岡）

20min

材料（4人分）

牛もも肉（しゃぶしゃぶ用）—100g
切り干しだいこん—30g
A
- にんにく（みじん切り）—½片（5g）
- しょうが（みじん切り）—小1かけ（5g）
- いりごま（白）—大さじ1
- 砂糖—大さじ1
- しょうゆ—大さじ2
- 酢—大さじ1
- ごま油—大さじ1

ラディッシュ—3個
プリーツレタス—5枚

作り方 ●1人分 133kcal

●作りおき

1 ごまは包丁できざみ、切りごまにします。Aは合わせます。

2 切り干しだいこんは、水の中でもみ洗いします。熱湯でさっとゆでます。あら熱がとれたら水気をしぼり、4cm長さに切ります。Aにつけます。

3 熱湯をわかし、牛肉を1枚ずつさっとゆでます。色が変わったら、水気をきってAにつけます。

●食べるとき　調理時間**5**分

レタスはひと口大にちぎります。ラディッシュは薄切りにし、水にさらして水気をきります。ラディッシュとレタスを**3**に加えてあえ、器に盛ります。

先生の かんたんrecipe

ひじきのしょうが風味

そのままでも、野菜と混ぜて、サラダ風に食べてもおいしいですよ（吉祥寺教室　大須賀眞由美）

芽ひじき30gをたっぷりの水でもどして、水気をきります。**油少々**でいためてから、**みりん・しょうゆ各大さじ2**、**砂糖小さじ2**を加えて、ふたをして煮ます。汁気がなくなったら**しょうがのみじん切り大さじ1**を加えます。

とり肉と大豆の和風煮

3日 日もち　お弁当

「とりスペアリブ」として売られている手羽中なら、食べやすいサイズで、切りこみを入れずに使えます。骨からうま味がしっかり出るので、短時間で、こってりとおいしく煮えます（藤岡）

材料（4人分）

とり手羽中（スペアリブ）
　―20本（350g）
　しょうゆ―大さじ½
ゆでたけのこ―150g
大豆（水煮）―150g
しょうが―1かけ（10g）
サラダ油―大さじ1
A［湯―カップ2
　酒―カップ½
　砂糖―大さじ⅔
　しょうゆ―大さじ2
　みりん―大さじ1］

作り方　●1人分 222kcal

1 肉にしょうゆをもみこみます。

2 しょうがは皮をこそげ、薄切りにします。たけのこの穂先はくし形に切り、残りは2～4つ割りにし、1cm厚さに切ります。

3 鍋に油を温め、肉の表面を焼きます。焼き色がついたら、しょうがとAを加えます。沸とうしたらアクをとり、ふたをずらしてのせて中火で約5分煮ます。

4 3にたけのこと大豆を加えます。ふたをずらしてのせ、中火でさらに約10分煮ます。（時間があれば、ふたをとって汁気がほとんどなくなるまで煮ると、つやよく仕上がります）

とりスペアリブは、手羽中を2つ割りにしたもの。塩をふってグリルで焼いてもおいしい

和風煮が少し残ったら、オーブントースターでカリッと焼いても、また違った香ばしい風味になります。冷蔵庫にある野菜も一緒に焼いて

手早く・おいしくごはんを作る！

忙しい人にとって、毎日の食事作りは時計とのにらめっこ。帰宅が遅くなってしまうと、市販のおそうざいや、手抜き料理ですませがちです。でも、体のことや子どものことを考えれば、やっぱり栄養バランスのとれたおうちのごはんがいちばん。時間を上手に使って、無理なく料理作りをするコツをご紹介します。

●**レタスは洗い、しっかり水きりして、密閉容器に**入れておきます。翌日忙しくても、盛りつけるだけです。しょうがも洗って水気をふき、密閉容器に入れています（難波教室　阪本ミツコ）

●**ねぎは薬味用に小口切り**にして、密閉容器に入れます。**にんにく、しょうがはみじん切り**にして1回分ずつラップで包み、冷凍しています。中国料理などのときにすぐ使えます（渋谷教室　山上友子）

●切るのが大変な**かぼちゃは、買ってきたら3～4㎝角に切って**電子レンジや蒸し器でやわらかくして、冷凍しておきます（福岡教室　安部孝子）

＼忙しくてもだいじょうぶ／ ベターホームの先生がやっている 手早く作るための 料理の小ワザ

●**翌朝食べるサラダ用の野菜は、前日に切っておきます。**忙しい朝もあわてません（渋谷教室　三笠かく子）

●**たまねぎを切るときは、多めに薄切り**にし、塩もみして水気をきってから、ドレッシングやマリネ液に漬けます。そのまま食べたり、サラダにかけます（池袋教室　越部百江）

●**ねぎは小口切りにして、しょうゆをかけて混ぜ**、冷蔵庫へ。1日おくととろりとしてきて、ねぎの辛味がやわらぎます。しょうがのせん切りでもできます。好みでいりごま、ちりめんじゃこ、けずりかつおを加えてとうふにのせます（銀座教室　大瀧信子）

●余りがちな**キャベツは、買ってきたら角切りにし、たまねぎの薄切りとにんじんのたんざく切りとともに、400gに対して、塩小さじ½で塩もみ**します。うす塩の浅漬け風になり、2～3日、日もちがします（千葉教室　望月奈緒美）

●**グリーンアスパラガス、さやいんげん、ブロッコリーは、当日使う倍量を買って、一緒にゆでてしまいます。**翌日にいためものにしたり、チャーハン、スープなどに使います。お弁当にも便利（渋谷教室　岩本百合子）

●**ごぼうはささがきにして、油でさっといため、**小分けにして冷凍します。食感が多少変わりますが、きんぴらごぼうや鍋ものにすぐ使えます（難波教室　疋田節子）

●ひじきの煮ものや、切り干しだいこんの煮ものなどの**乾物の料理は、1袋単位でたくさん作って冷凍**します（渋谷教室　大久保洋子）

忙しい時間の中で料理を手早く、おいしく作るためにはコツがいります。
そこで、全国のベターホームの先生たちに、おすすめの時間短縮法を聞いてみました！

●**ステーキのときは、もう1枚余分に焼いて冷凍しておきます。**使うときは電子レンジで半解凍し、薄切りに。だいこんおろしとぽん酢しょうゆであえたり、わさびじょうゆをかければおつまみになります。パンにはさんで、サンドイッチにしてもgood！（池袋教室　大橋淑子）

●料理を事前に用意しておくと、帰りが遅くなっても、いつもと同じ時間に食事ができます。**おでんや煮しめなどの煮もの、豚汁、けんちん汁などの具だくさんの汁ものは多めに作りおいて**います（札幌教室　藤田和恵）

時間を上手にやりくりするコツは、“まとめ調理”

先生たちがやっているのが、野菜を“洗っておく、切っておく、ゆでておく”と、料理をまとめて“作っておく”。その日、その日にイチから料理を始めるのではなく、まとめて事前に準備しておくことで、食事作りにかかる時間を大きく節約しています。一度の手間が、大きなゆとり時間を作るのです。

まとめて 洗う

野菜は洗って、しっかり水気をきります。ジッパー付きの保存袋に入れると、鮮度が保てます。

まとめて 切る

野菜を切っておけば、すぐ使えます。乾燥しないように、密閉容器や保存袋に入れます。

まとめて 火を通す

野菜をゆでて保存しておけば、ゆでる手間がはぶけ、そのまま食べることもでき、また料理にすぐ使えます。保存するときはしっかりさまし、水気をきります。

まとめて 作る

日もちのするおかずは、多めに作っておくと、一品たりないときや、お弁当のおかずに重宝します。作ったおかずをベースにして、新しい料理も作れます。

ミニトマトときゅうりのスイートピクルス（P.14）

やってみよう! 料理作りがらくになる、“まとめ調理”

目指すは、平日のごはん作り 15 分

平日忙しくしている人にとって、ポイントとなるのは、時間にゆとりのある休日。
平日は買物をしないですむように、休日のまとめ買い&まとめ調理が基本になります。

1. 買物前の計画

1週間の献立を考えて使う食材をメモします。冷蔵庫・冷凍庫の在庫を確認して、残っている材料はリストからはずします。買物へ。

2. 買ってきたら、まとめ調理

帰宅したら、一気に下ごしらえをすませます。時間のかかる作りおきのおかずは、このときに作ります。

たとえばこんな下ごしらえ

サラダ用野菜(早めに使う)
洗って水気をきり、食べやすい大きさに切って、密閉容器や保存袋に

厚切り肉・とり肉
1枚ずつラップに包んで冷凍。下味をつけてから冷凍しても

薄切り肉・ベーコン
重ならないように平らに並べて冷凍

ほうれんそう・ブロッコリー
かためにゆで、小分けにして冷凍

ねぎ・パセリ
小口切りやみじん切りにして冷凍

しょうが
1かけずつに切って冷凍。薄切りやみじん切りにしても

貝類
殻つきは砂抜きし、よく洗ってから冷凍。むき身は酒蒸ししてから冷凍。凍ったまま加熱します

油揚げ
油抜きし、ペーパーで水気をとります。使いやすい大きさに切って、冷凍。凍ったまま使います

だし
だしをとり、さめてからペットボトルに入れて冷蔵。保存3日

これをやっておけば…

やってみよう！

3. “まとめ調理”で、平日のごはん作りは15分

おかずは、休日にまとめて調理や下ごしらえ。
ごはんもまとめて炊いて、1食分ずつ冷凍します。平日は、
あっという間にバリエーション豊かな食卓がととのいます。

“ベースのおかず”のラタトゥイユで、野菜たっぷり洋風献立

週末のまとめ調理

“ベースのおかず”のラタトゥイユを作る（P.55）

いかのやわらかマリネを作る（P.66）

ほうれんそうをゆでて冷凍する

当日の調理

とり肉を焼く

ほうれんそうのスープを作る

15分で完成

menu
とり肉のソテー　ラタトゥイユソース
いかのやわらかマリネ
ほうれんそうのスープ
パン

レンジでチンする、魚の香り蒸し献立

週末のまとめ調理

サラダ用の野菜を切る

たまねぎの薄切りを塩もみし、ドレッシングに加える

当日の調理

魚の香り蒸しを作る（P.87）

わかめとごまのスープを作る

menu
魚の香り蒸し
わかめとごまのスープ
たまねぎドレッシングのサラダ
ごはん

15分で完成

みそ漬け肉を焼くだけの、超スピード献立

週末のまとめ調理

豚肉をにんにくみそ漬けにする（P.60）

きんぴらごぼうを作る（P.10）

きのこのおかか煮を作る（P.8）

当日の調理

豚肉のにんにくみそ漬けを焼く

だしにとうふを切って入れ、みそ汁を作る

15分で完成

menu

豚肉のにんにくみそ漬け焼き
きんぴらごぼう
きのこのおかか煮
とうふのみそ汁
ごはん

“ベースのおかず”をアレンジして、野菜いための献立

週末のまとめ調理

ひよこ豆のドライカレーを作る（P.41）

いろいろ野菜のさっぱり漬けを作る（P.70）

あさりを冷凍する

当日の調理

ドライカレーと野菜をいため合わせる（P.41）

あさりのスープを作る

15分で完成

menu

もやしとにらのカレーいため
いろいろ野菜のさっぱり漬け
あさりのスープ
ごはん

まとめ作りは、ゆとり作り
週末の作りおき

買物に行った週末は、まとめ作りの日。
電子レンジでチンしてそのまま食べられるおかずや、
いろいろアレンジできる“ベースのおかず”をたっぷり作ります。
いくら料理好きでも、忙しいとき、疲れきってへとへとのときは
手を抜かせてほしいし、自分の時間だってほしいもの。
このストックがあれば、忙しい平日でも、
おいしいごはんが少しの調理時間で食べられます。
まとめ作りで、ゆとり時間を作りましょう。

時間のあるお休みの日は
いつもより、多めに材料を買って、
まとめて料理

家族にも手伝ってもらおう

時間のかかる煮こみは、
ようすを見ながら家事仕事

たっぷり作って
保存しておきましょう

だから

時間がない日も、ちょっとの調理で
新しいおかずに変身

忙しい平日を乗りきるために まとめて作っておきたい料理　ベスト4

1.ひき肉料理
—肉だんご、ハンバーグ

2.煮こみ料理
—煮豚、トマトソース

3.酢漬け料理
—魚の焼きびたし・揚げびたし

4.みそ漬け料理
—肉・魚のみそ漬け

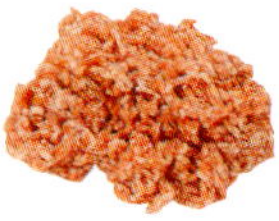

ベースのおかずで、手間なしすぐごはん

忙しい人におすすめなのは、ハンバーグやカレーなど“ベースのおかず”をたっぷり作ってストックしておくこと。そのまま食べられるだけでなく、いろいろな料理にアレンジできるので、時間のないときもおかずがすぐ作れます。

＼ベースになるおかず／
ゆで肉だんご

密閉して冷蔵、
または、汁気をきって冷凍

**肉だんご入り
中国風スープ**

**肉だんごと
野菜の甘酢煮**

**肉だんごと
ミニトマトのグリル**

＼ベースになるおかず／

ゆで肉だんご

3日 日もち　冷凍　お弁当 ▸ (p.81)　子ども　20min 調理時間

シンプルな肉だんごは、和洋中問わず使え、料理にボリュームを出せるので、とても重宝します。材料全部を混ぜて、ゆでるだけなのでとってもかんたん。パサつくことなくしっとり仕上がります。ゆで汁はスープに使えます（名古屋教室　杉浦和子）

材料（40個分）

豚ひき肉―500g
ねぎ―1本
しょうが―2かけ（20g）
卵―1個
かたくり粉―大さじ3
塩―小さじ1
酒―大さじ3

作り方　●全量 1312kcal

1 ねぎはみじん切りにします。しょうがはすりおろします。

2 材料全部をボールに入れて、ねばりが出るまでよく混ぜます。40等分にし、丸めます。

3 熱湯でゆでます。浮き上がったら、さらに約2分ゆでて、中まで火を通します。

よく混ぜます

手に水をつけると、丸めやすい

たっぷりの湯に入れます

肉だんご入り 中国風スープ

その日に作るなら、ゆで汁もむだなく活用。はるさめは、もどさずに煮ます

材料（4人分）　10min 調理時間

肉だんご―8個
はるさめ―15g
好みの野菜―適量
（ねぎ、しいたけ、はくさいなど）
A ┌肉だんごのゆで汁*
　│　―カップ$3\frac{1}{4}$
　│中華スープの素―小さじ$\frac{1}{2}$
　└塩―小さじ$\frac{1}{2}$
こしょう―少々

作り方　●1人分 87kcal

1 はるさめは、キッチンばさみで7〜8cm長さに切ります（買ったときに、切っておくとらく。大きめのポリ袋の中で切ると飛び散りません）。

2 野菜は食べやすい大きさに切ります。

3 鍋にAを入れて温めます。肉だんご（冷凍のままでもOK）と野菜を加えて、3〜4分中火で煮ます。はるさめを加えて約1分煮、こしょうを加えます。

*ゆで汁がないときは、水カップ$3\frac{1}{4}$＋中華スープの素小さじ2を合わせます

肉だんごと 野菜の甘酢煮

ブロッコリーは下ゆでしないので、フライパンひとつで作れます

材料（4人分）　20min 調理時間

肉だんご―20個
れんこん―200g
ブロッコリー―小1株（150g）
サラダ油―大さじ$\frac{1}{2}$
A ┌水―カップ$\frac{2}{3}$
　│スープの素―小さじ$\frac{1}{2}$
　│砂糖・しょうゆ・酢
　└　―各大さじ2
B ┌かたくり粉―大さじ1
　└水―大さじ2

作り方　●1人分 257kcal

1 ブロッコリーは小房に分け、茎は皮をむいて、3cm長さ、1cm角に切ります。れんこんは乱切りにし、水にさらして水気をきります。

2 A、Bはそれぞれ合わせます。肉だんごは冷凍なら解凍します。

3 フライパンに油を温め、れんこんを1〜2分いためます。肉だんごとブロッコリー、Aを加え、中火で2〜3分煮ます。Bをもう一度混ぜて加え、混ぜながらとろみをつけます。ひと煮立ちさせて火を止めます。

肉だんごと ミニトマトのグリル

並べて焼くだけ。かんたん・早い・おいしい！3拍子そろったおすすめレシピ

材料（2人分）　10min 調理時間

肉だんご―12個
ミニトマト―12個
ピザ用チーズ―50g
ドライハーブ
（オレガノ、バジルなど）―少々

作り方　●1人分 312kcal

1 肉だんごは冷凍なら解凍します。耐熱皿に肉だんごとミニトマトを交互に並べます。チーズをのせ、ハーブをふります。

2 オーブントースターで7〜8分焼きます。

＼ベースになるおかず／

肉みそ

密閉して冷蔵、
または小分けにして冷凍

肉みそ春巻き

はんぺんの肉みそ詰め

＼ベースになるおかず／

肉みそ

4～5日 日もち　冷凍　お弁当

20min 調理時間（もどす時間は除く）

肉みそは、ごはんやめんにのせるなど、いろいろな食べ方ができますが、味がしっかり決まっているので、アレンジするときは、あまり手をかけずにシンプルに使いましょう。ゆで野菜、とうふやこんにゃくにかけても（柏教室　並木益代）

材料（約700g分）

豚ひき肉—500g

A
- ねぎ—½本
- しょうが—1かけ（10g）
- 干ししいたけ—5個
- ゆでたけのこ—60g

ごま油—大さじ1

B
- 砂糖—大さじ1
- 酒—大さじ2
- 干ししいたけのもどし汁—大さじ2
- しょうゆ—大さじ1
- オイスターソース—大さじ1½
- みそ—大さじ2

C
- かたくり粉—小さじ1
- 水—大さじ1

作り方　●全量 1452kcal

1 干ししいたけはカップ1の水（材料外）でもどします。しょうがは皮をこそげます。Aはそれぞれみじん切りにします。B、Cはそれぞれ合わせます。

2 深めのフライパンにごま油を温め、Aのねぎ、しょうがを中火でいためます。香りが出たら、干ししいたけ、たけのこを加えてさらにいためます。

3 ひき肉を加え、パラパラになるまで強めの中火でいためます。Bを加え、強めの中火で汁気が少なくなるまで、混ぜながら煮つめます。火を止めて、Cを混ぜて加え、混ぜながら中火にかけて、まとめます。

強めの中火でいため煮にします

干ししいたけは、あらかじめ、びんに水と一緒に入れて、冷蔵庫へ入れておくと便利（保存約5日）。当日急いでもどしたいときは、水につけて電子レンジで加熱（2個につき約2分）か、湯に入れると早くもどりますが、うま味は逃げやすくなります

肉みそ春巻き

肉みそをそのままあんとして包むから、らくらく

20min 調理時間

材料（4人分）

肉みそ—250g

春巻きの皮—1袋（10枚）

A
- 小麦粉—大さじ½
- 水—大さじ½

揚げ油—適量

香菜（シャンツァイ）（飾り用）—2枝

作り方　●1人分 258kcal

1 肉みそは冷凍なら解凍し、10等分にします。Aは混ぜてのりにします。

2 春巻きの皮に肉みそをのせ、包みます。巻き終わりにAを塗ってとめます。10本作ります。

3 深めのフライパンに揚げ油を1cm深さまで入れ、中温（160℃）に熱します。巻き終わりを下にして、春巻きを入れます。途中で返し、薄茶色になるまでカリッと揚げます。

4 器に盛り、香菜を飾ります。酢じょうゆをつけて食べても。

はんぺんの肉みそ詰め

お弁当向きの手軽な一品。ビールのおともにも

10min 調理時間

材料（4人分）

肉みそ—160g

はんぺん—大2枚（200g）

焼きのり—½枚

サラダ油—大さじ½

プリーツレタス—4枚

作り方　●1人分 149kcal

1 肉みそは冷凍なら解凍します。肉みそ、のりは8等分にします。はんぺんは4等分に切ります。一辺に切りこみを入れて、ポケット状にします。

2 はんぺんに肉みそをしっかり詰め、口を閉じるようにのりをはりつけます。

3 フライパンに油を温め、中火で両面を焼き色がつくまで焼きます。

4 器にレタスを敷いて盛りつけます。

＼ベースになるおかず／

とりそぼろ

密閉して冷蔵、または冷凍。
平らにしておくと、割って使える

そぼろごはん

ながいもの
そぼろいため

かぼちゃのそぼろ煮

\ベースになるおかず/

とりそぼろ

3~4日 日もち　冷凍　お弁当　子ども

15 min 調理時間

甘辛く味つけしたとりそぼろは、お弁当の定番ですが、いためものや煮ものにも、充分活用できます。きれいなそぼろに仕上げるためには、「混ぜ」がポイント。火にかける前に肉と調味料をよく混ぜ、火にかけてからも、絶えず混ぜます（森）

材料（約500g分）

とりひき肉—500g
しょうが—2かけ（20g）
砂糖・しょうゆ・酒—各大さじ4

作り方　●全量 1023kcal

1 しょうがは皮をこそげて、みじん切りにします。

2 鍋に材料全部を入れて、さい箸3〜4本で混ぜ、肉と調味料をなじませます。中火にかけて汁気がほとんどなくなるまでいり煮にします。途中、肉がかたまってほぐれにくいときは、泡立器でかたまりをほぐします。

火にかける前に、混ぜておきます

量が多いので、泡立器を使うとほぐれやすい

そぼろごはん

たくあんの歯ざわりが抜群のアクセント。5分でできます

5 min 調理時間

材料（2人分）

とりそぼろ—150g
かいわれだいこん—½パック
たくあん漬け（好みの漬けもの）—1切れ（10g）
いりごま（白）—小さじ1
焼きのり—½枚
温かいごはん—300g

作り方　●1人分 419kcal

1 とりそぼろは、温めておきます。かいわれだいこんは根元を切り、長さを半分にします。たくあんはあらみじん切りにします。

2 ごはんにたくあん、ごまを混ぜて器に盛ります。

3 のりを1〜2㎝角にちぎってのせ、かいわれだいこんと、とりそぼろをのせます。

ながいものそぼろいため

卵を加えて、そぼろをしっとりとまとめます

10 min 調理時間

材料（4人分）

ながいも—200g
しいたけ—3個
とりそぼろ—70g
卵—1個
しょうゆ—小さじ1
サラダ油—小さじ1

作り方　●1人分 97kcal

1 ながいもは皮をむき、5㎜幅の輪切りか、太ければ半月に切ります。しいたけは石づきをとり、2〜3つのそぎ切りにします。卵はときほぐします。

2 フライパンに油を温め、ながいもの両面を焼きます。色づいたら、しいたけ、とりそぼろ（冷凍のままでもOK）を加えてさらにいためます。しいたけがしんなりしたら、卵を流し入れ、しょうゆを加えて大きく混ぜます。

かぼちゃのそぼろ煮

そぼろと一緒に煮るから、こっくりとした味。そぼろは凍ったまま使えます

15 min 調理時間

材料（4人分）

かぼちゃ—400g
とりそぼろ—100g
A［水—カップ1¼
　砂糖・しょうゆ—各小さじ1］
B［かたくり粉—小さじ1
　水—小さじ2］

作り方　●1人分 141kcal

1 かぼちゃは3㎝角に切り、皮をところどころむきます。鍋にAとかぼちゃを入れ、とりそぼろをのせます（冷凍のままでもOK）。ふたをして、中火で約10分煮ます。

2 Bは合わせます。かぼちゃがやわらかくなったら、かぼちゃを寄せて、煮汁をかき混ぜながらBを加え、ひと煮立ちさせ、とろみをつけます。

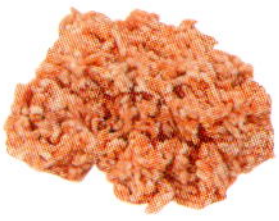

\ベースになるおかず/

ひよこ豆のドライカレー

密閉して冷蔵、
または小分けにして冷凍

担担（タンタン）麺風カレーうどん

もやしとにらのカレーいため

＼ベースになるおかず／

ひよこ豆のドライカレー

3~4日 日もち　冷凍　お弁当 ▶ (p.80)　子ども

野菜をじっくりいためて作るから、うま味たっぷり。ごはんにかけるだけでなく、パスタとあえたり、サンドイッチ にしたりとアレンジも豊富にできます。子ども向けなら、カレー粉を少なめにして、ケチャップを多めに入れます。レーズンを加えても（難波教室　阪本ミツコ）

30 min 調理時間

材料（約800g分）

合びき肉 — 400g
にんにく — 1片（10g）
しょうが — 1かけ（10g）
A ┌ たまねぎ — 1個（200g）
　 └ にんじん・セロリ — 各50g
ひよこ豆（水煮。大豆や
　いんげん豆でも）— 1缶（100g）
カレー粉 — 大さじ4～5（25～30g）
サラダ油 — 大さじ2
B ┌ 水 — カップ1
　 │ 固形スープの素 — 1個
　 │ トマトケチャップ — 大さじ2
　 │ ウスターソース — 大さじ1
　 │ ローリエ — 1枚
　 │ 塩 — 小さじ½
　 └ こしょう — 少々

作り方　●全量 1574kcal

1 にんにくとしょうが、Aの野菜はそれぞれみじん切りにします。

2 厚手の鍋に油を温め、にんにくとしょうがを弱火でいためます。香りが出たら、Aの野菜を加えて中火で5～6分、薄く色づくまでいためます。ひき肉を加え、パラパラになるまでいためます。

3 2にカレー粉を加えて、ひと混ぜします。Bと豆を加えて混ぜ、鍋のふたをずらしてのせます。時々混ぜながら、弱火で7～8分煮ます。

クッキングカッターでもみじん切りにできます。かけすぎると、水が出てくるので注意

野菜が色づいたら、肉を加えていためます。いためづらいなら、いためるまではフライパンでやっても

鍋のふたをずらして煮ると、肉のくさみがこもりません

担担麺風（タンタン）カレーうどん

のせるだけ。めんつゆをちょっとたして、からみやすくします

10 min 調理時間

材料（2人分）

ゆでうどん — 2玉
ひよこ豆のドライカレー — 200g
きゅうり — 1本
オクラ — 2本
めんつゆ（市販品）— 適量

作り方　●1人分 482kcal

1 ドライカレーは、温めておきます。きゅうりは斜めせん切りにします。めんつゆは、かけつゆ程度の濃さに表示どおりに薄めて、大さじ4にします。

2 オクラは熱湯でさっとゆでて、薄切りにします。続けて、うどんもさっとゆでて水にとり、冷やします。水気をきります。

3 器にうどん、きゅうり、ドライカレーをのせ、オクラを散らします。めんつゆをかけて、混ぜながら食べます。

もやしとにらのカレーいため

切るもの少しで、野菜たっぷりボリュームいため

10 min 調理時間

材料（2人分）

もやし — 1袋（200g）
　塩 — 小さじ⅙
にら — ½束（50g）
ひよこ豆のドライカレー — 120g
サラダ油 — 大さじ½

作り方　●1人分 168kcal

1 ドライカレーは温めます。もやしは洗い、できればひげ根をとります。にらは3cm長さに切ります。

2 フライパンに油を温め、もやしと塩を入れて、中火で1～2分いためます。ドライカレーを加えていため合わせ、にらを加えて手早くいためます。

＼ベースになるおかず／

ハンバーグ

密閉して冷蔵、
または冷凍

きのこバーグ　ホイル焼き

和風おろしバーグ

＼ベースになるおかず／

ハンバーグ

3日 日もち　冷凍　お弁当 ▶ (p.77)　子ども

30 min 調理時間

ハンバーグ作りでめんどうなのが、たまねぎをいためること。そこで、鍋を使わず、電子レンジで加熱するようにしました。手があくので、その間は別の調理にとりかかれます。ひと手間をはぶくことで、ハンバーグ作りがぐっとらくになります（香月）

材料（10個分）

ハンバーグ種
- 合びき肉—700g
- たまねぎ—1個（200g）
  - バター—20g
- 卵—2個
- パン粉—カップ1（40g）
- 牛乳—大さじ2
- ナツメグ（あれば）—小さじ¼
- 塩—小さじ1
- こしょう—少々

サラダ油—大さじ1½

作り方　●全量 2108kcal

1 たまねぎはみじん切りにします。耐熱皿に広げ、バターをちぎって混ぜます。ラップをかけずに、電子レンジで約5分、途中とり出して混ぜながら、加熱します。さまします。

2 ボールにハンバーグ種の材料を入れ、ねばりが出るまで混ぜます。10等分して、小判形に丸めます。中心をくぼませます。

3 フライパンを熱して、油大さじ½を入れ、**2**を強火で焼きます。焼き色がついたら、裏返します。火を弱めてふたをして約6分、中まで火を通します。

量が多いので、分けて焼きます。焼くたびに汚れをペーパータオルでふきとり、油大さじ½をたします

きのこバーグ ホイル焼き

食卓でアッツアツのおいしさを味わえます

20 min 調理時間

材料（4人分）

- ハンバーグ—8個
- しめじ—1パック（100g）
- マッシュルーム—8個
- 溶けるチーズ—4枚
- ドミグラスソース—大さじ8
- 白ワイン—大さじ4
- アルミホイル—25cm角×4枚

作り方　●1人分 526kcal

1 ハンバーグは、冷凍なら解凍します。しめじは石づきをとり、小房に分けます。マッシュルームは薄切りにします。

2 アルミホイルに、ハンバーグを2個のせます。しめじ、マッシュルーム、チーズをのせ、ドミグラスソースをかけ、ワインをふります。塩、こしょう各少々（材料外）をふり、ホイルの口を閉じます。4つ作ります。

3 2包みずつ、オーブントースターかグリルで8～10分、きのこがしんなりするまで蒸し焼きにします。

和風おろしバーグ

だいこんおろしをたっぷり入れて、さっぱりと

15 min 調理時間

材料（2人分）

- ハンバーグ—4個
- だいこん—400g
- A
  - しょうゆ—大さじ1½
  - 酒—大さじ2
  - みりん—大さじ1
- みず菜—1株（30g）

作り方　●1人分 488kcal

1 だいこんはすりおろし、軽く水気をきります。みず菜は3cm長さに切ります。

2 Aを鍋に合わせて火にかけます。沸とうしたらハンバーグ（冷凍のままでOK）を入れます。鍋をゆすりながら、中火で汁が少なくなるまで煮ます（冷凍の場合はふたをし、温まったらふたをとります）。

3 煮つまったら火を止め、だいこんおろしを加えて混ぜます。盛りつけて、みず菜を散らします。

ハンバーグ種を使って

キャベツの重ね蒸し

ハンバーグ種を多めに作ったら、電子レンジで作れる重ね蒸しにしても

材料（4人分）

- キャベツ—5枚（300g）
- ハンバーグ種—400g
- A
  - 酒—大さじ2
  - みりん—大さじ1
  - しょうゆ—大さじ½
  - だしの素—小さじ½

作り方　●1人分 328kcal

1 キャベツは縦半分に切って、芯をとります。ハンバーグ種は4等分します。深めの耐熱容器にキャベツの⅕量を敷き、ハンバーグ種¼量をのせて広げます。これを4回くり返し、最後にキャベツをのせます。

2 Aを合わせて**1**にかけ、ラップをふんわりかけます。電子レンジで約15分加熱します。途中、1～2回とり出し、スプーンで汁をかけます。

＼ベースになるおかず／

ミートソース

密閉して冷蔵、
または小分けにして冷凍

タコライス

ミートコーングラタン

＼ベースになるおかず／
ミートソース

3日 日もち　冷凍　子ども

60min 調理時間

ミートソースはわが家の味がいちばん！　じっくりことことと気長に煮こむと、うま味たっぷりのおいしいソースができあがります。基本の材料に、にんじんやピーマンなどを加えれば、野菜嫌いの子どもにも、野菜をたっぷり食べてもらえます（仙台教室　小野慶子）

材料（約620g分）
- 牛ひき肉 — 300g
- たまねぎ — 1個（200g）
- セロリ — ½本（50g）
- にんにく — 1片（10g）
- サラダ油 — 大さじ1
- A
  - トマト水煮缶詰 — 1缶（400g）
  - 水 — カップ1
  - 固形スープの素 — 1個
  - 赤ワイン — 大さじ3
  - 砂糖・塩 — 各小さじ1
  - こしょう — 少々
  - ローリエ — 1枚

作り方　●全量 1027kcal

1 たまねぎ、セロリ、にんにくはそれぞれみじん切りにします*。
2 厚手の鍋に油を温め、弱火でにんにくをいためます。香りが出たら、たまねぎ、セロリを加えて強火で5～6分いためます。弱火にして、薄く色づくまでいためます。
3 2にひき肉を加えて、中火でパラパラになるまでいためます。Aを加え、木べらなどでトマトをつぶします。時々混ぜながら、ふたはしないで、汁気がほとんどなくなるまで弱めの中火で30～40分煮ます。

*たまねぎ、セロリは一緒にクッキングカッターにかけても

牛ひき肉と野菜は、まずはよくいためます

タコライス

5min 調理時間

人気の沖縄料理。わざわざソースを作らなくても、充分おいしい

材料（2人分）
- ミートソース — 200g
- レタス — 100g
- ミニトマト — 6個
- 温かいごはん — 300g
- スライスチーズ — 2枚
- トルティーヤチップス* — 20枚
- チリパウダー（あれば） — 少々
- タバスコ — 少々

*ポテトチップスでも

作り方　●1人分 557kcal

1 ミートソースは温めておきます。レタスは細切りにします。水に放してパリッとさせ、水気をきります。ミニトマトは4つに切ります。
2 皿に温かいごはんを盛り、ミートソースをかけて、チリパウダーをふります。レタスをまわりに盛り、トマトをのせます。チーズをちぎってのせ、トルティーヤチップスを盛ります。好みでタバスコをかけます。

ミートコーングラタン

15min 調理時間

クリームタイプのコーンをのせた甘めの味は、子ども向きです

材料（2人分）
- ミートソース — 200g
- コーン缶詰（クリームタイプ） — 1缶（190g）
- じゃがいも — 大1個（200g）
- ピザ用チーズ — 50g
- パセリのみじん切り — 小さじ1

作り方　●1人分 409kcal

1 ミートソースは、冷凍なら解凍しておきます。じゃがいもは薄切りにします。水にさらして、水気をきり、耐熱皿に入れてラップをかけ、電子レンジで約3分加熱します。
2 耐熱皿にミートソースを敷き、コーンを広げます。じゃがいもをのせて、チーズを散らします。
3 オーブントースターで約5分、チーズが溶けるまで加熱します。パセリのみじん切りを散らします。

豚かたまり肉

\ベースになるおかず/
煮豚

煮汁に漬けたまま密閉して冷蔵、
または冷凍。
小分けにしてから保存しても

煮豚丼

煮豚とキャベツのいためもの

コブサラダ

ベースになるおかず

煮豚

4～5日 日もち　冷凍　お弁当

60min 調理時間

かたまり肉の料理は、煮る時間がかかるので、忙しい人は作りにくいと思いがち。でも、下ごしらえはほとんど必要なく、煮ている間にようすを見ながら、ほかの家事をすませることができるので、意外と作りやすいものです（香月）

材料

豚肩ロース肉（かたまり）— 500g

A
- ねぎの青い部分 — 1本分
- しょうが — 1かけ（10g）
- 酒 — カップ½

B*
- しょうゆ — カップ¼
- 砂糖 — 大さじ4
- みりん — 大さじ2
- 煮豚のゆで汁 — カップ½

*Bのたれは、こってりとした甘めの味です。好みで、砂糖を減らしても

作り方　●全量 1419kcal

1 ねぎは鍋に入る大きさに切ります。しょうがは薄切りにします。

2 肉を厚手の鍋に入れ、肉の表面が見えるくらいまで水を入れます。強火にかけてひと煮立ちしたら、肉をとり出して湯を捨てます。

3 鍋に肉をもどし、Aとかぶるくらいの水を入れて火にかけます。沸とうしたら弱火にし、落としぶたと鍋のふたをずらしてのせて約40分煮ます。肉に竹串を刺し、出てくる汁が透明なら火を止め、肉をとり出します。（時間のあるときは、つけたまままさますと、ジューシーに仕上がります。この状態で、ゆで豚としても保存できます。ゆで汁はスープに使えます）

4 別鍋にBを煮立てます。肉を入れて、時々スプーンでたれをかけながら約5分煮ます。そのままさまします。

煮豚丼

まずはミニ丼にして、おいしさを味わいます

5min 調理時間

材料（1人分）

煮豚（4～5㎜厚さの薄切り）— 50g
煮豚のたれ — 大さじ½
ねぎ（白い部分）— 5㎝
温かいごはん — 80g

作り方　●1人分 292kcal

1 ねぎはせん切りにし、水にさらしてもみ、水気をきります。

2 器にごはんを盛り、たれの半量をかけます。煮豚を盛り、残りのたれをかけて、ねぎをふんわりとのせます。

煮豚とキャベツのいためもの

シャキッといためたキャベツと煮豚が、最高の組み合わせ

15min 調理時間

材料（4人分）

煮豚（4㎝大の薄切り）— 160g
キャベツ — 400g
ゆでたけのこ — 30g
さやえんどう — 8枚
にんにく（薄切り）— 1片（10g）

A
- 水 — 大さじ1
- 中華スープの素 — 小さじ½
- しょうゆ — 大さじ½
- 塩 — 小さじ⅛
- こしょう — 少々

サラダ油 — 大さじ1

作り方　●1人分 180kcal

1 煮豚は、冷凍なら解凍します。キャベツは3㎝角に切ります。たけのこは3㎝長さ、5㎜幅の薄切りにします。さやえんどうは筋をとって斜め半分に切り、ラップに包んで、電子レンジで約10秒加熱します。Aは合わせます。

2 フライパンに油を温め、にんにくを弱火でいためます。香りが出たら、たけのこを加えて強火でいためます。油がまわったら、キャベツを加えていためます。

3 しんなりしたら、Aを加えて混ぜ、煮豚とさやえんどうを加えてひと混ぜします。

コブサラダ

アメリカのコブさんが作った、具だくさんサラダ。パンを添えて、日曜日のブランチに

15min 調理時間

材料（4人分）

煮豚（薄切り）— 150g
プリーツレタス — 200g
アボカド — 1個
ゆで卵 — 2個
ミニトマト — 100g
黒オリーブ（スライス）・ミックスビーンズなど好みの具 — 適量

ドレッシング
- マヨネーズ — 大さじ5
- トマトケチャップ — 大さじ½
- 粉チーズ・酢 — 各大さじ1
- 塩・こしょう — 各少々

作り方　●1人分 353kcal

1 煮豚は冷凍なら解凍します。ゆで卵、アボカドは1.5～2cm角、トマトは半分に切ります。アボカドにはレモン汁小さじ1（材料外）をかけます。レタスはちぎり、水に放してパリッとさせ、水気をきります。

2 ドレッシングの材料は合わせて、よく混ぜます。

3 器にレタスを敷き、具を並べます。ドレッシングをかけます。

煮豚のバリエーションを2種紹介します。
P.46のアレンジ料理も作れます

ぽん酢煮豚（写真手前）

ぽん酢しょうゆの効果で、驚くほどしっとりジューシー。一度試してみて（藤岡）

4~5日もち　冷凍　お弁当

50min 調理時間

材料

豚肩ロース肉（かたまり）— 400g
しょうが — 大1かけ（15g）
ぽん酢しょうゆ（市販品）— カップ1/2
砂糖 — 大さじ1

作り方　●全量 1058kcal

1 しょうがは薄切りにします。
2 鍋に材料全部を入れ、肉の表面が見えるくらいまで水を入れます。強火にかけて、沸とうしたらアクをとり、弱火にします。ふたをずらしてのせ、時々煮汁を肉にかけながら30～40分煮ます。肉に竹串を刺し、出てくる汁が透明になったら、火を止めます。（時間のあるときは、つけたまままさますと、ジューシーに仕上がります）

こんな食べ方も

ぽん酢煮豚のおろし添え

ぽん酢煮豚を3～4㎜厚さに切り、**わかめ**をもどして一緒に盛ります。**だいこんおろし**を添え、**七味とうがらし**をふります。煮汁をかけて食べます。

ウーロン煮豚（写真奥）

ウーロン茶を使うと、肉の脂が落ちてさっぱりとした味わいになります（森）

4~5日もち　冷凍　お弁当

50min 調理時間

材料

豚肩ロース肉（かたまり）
— 400g
ウーロン茶* — 500ml
A
- しょうゆ — 大さじ3
- 酒 — 大さじ2
- みりん — 大さじ2
- 酢 — 大さじ2

*ペットボトルのウーロン茶でも

作り方　●全量 1094kcal

1 鍋に豚肉とウーロン茶を入れて、肉の表面が見えるくらいまで水を入れます。強火にかけて、沸とうしたらアクをとります。弱火にして、ふたをずらしてのせ30～40分煮ます。
2 肉に竹串を刺し、出てくる汁が透明になったら、火を止めます。
3 別鍋にAを煮立てて火を止め、肉を入れます。そのままさまします。

こんな食べ方も

ウーロン煮豚の彩り中国風サラダ

ウーロン煮豚を3～4㎜厚さに切り、**ねぎの白い部分**、**にんじん**、**セロリのせん切り**と盛ります。3の汁をかけて食べます。

とり肉のチャーシュー風

3～4日 日もち　冷凍　お弁当 ▶(p.76)

手ごろなとり肉を使って、煮豚風にアレンジしてみたら大成功。肉の皮で、身をくるっと巻くことで肉汁が閉じこめられ、ジューシーにやわらかく仕上がります。煮汁を煮つめる時間がかかりますが、じっくり煮つめると、つやつやのおいしそうな照りが出ます（藤岡）

密閉して冷蔵、
または冷凍
（卵は冷凍できないので、除きます）

たこ糸がないときは

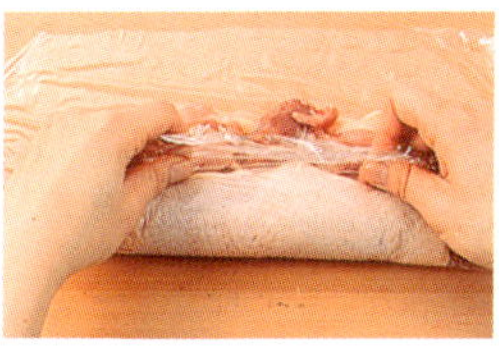

ラップに、皮を下にしてとり肉を置きます。ラップの端を持って、巻きずしを作るように肉を巻きます。巻き終わりを下にしてラップごと耐熱皿にのせ、電子レンジで4～5分加熱してかためます。ラップをはずして煮ます

材料（2本分）

とりもも肉（皮つき）―2枚（500g）
　酒―大さじ1
ゆで卵―2個
A
　水―カップ3
　酒―カップ½
　砂糖―大さじ3
　しょうゆ―大さじ3
ねぎの青い部分―10cm
しょうが―大1かけ（15g）

60min 調理時間

作り方　●全量 1261kcal

1 とり肉は厚みが均等になるように、身を切り開きます。酒をもみこみます。皮を下にし、長いほうを横に置いて、手前から巻きます。たこ糸でしばります。

2 ねぎは鍋に入る大きさに切り、しょうがは薄切りにします。ゆで卵は殻をむきます。

皮で身を包むように、しっかり巻きます。たこ糸でしばります

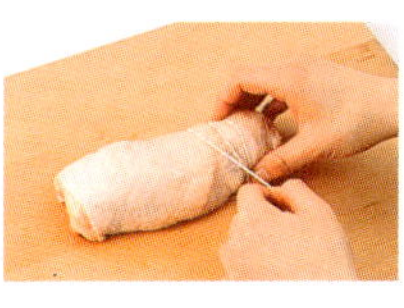

3 鍋にとり肉、A、ねぎ、しょうがを入れて火にかけます。煮立ったら、ゆで卵を加え、落としぶたと鍋のふたをずらしてのせ、中火で約20分煮ます。ふたをとり、時々上下を返しながら、煮汁がほとんどなくなり、照りが出るまで中火で25～30分煮つめます。

4 とり肉は1～2cm厚さ、卵は半分に切ります。

※P.46のアレンジ料理にできます

＼ベースになるおかず／

塩ゆでどり

密閉して冷蔵

トマトのチキンピラフ

塩ゆでどりの和風サラダ

＼ベースになるおかず／

塩ゆでどり

3日 日もち　冷凍（ゆで汁につけて）　お弁当

25 min 調理時間（おく時間は除く）

塩をまぶして2日ほどおき、ゆでるとあら不思議。塩が肉のうま味を引き出して、パサつきがちなむね肉が、きめ細かくしっとりします。塩味のみのあっさりした味わいなので、そのまま食べたり、サラダやいためものなど、使い道が広がります（柏教室　橋本知子）

材料

とりむね肉 ― 1枚（200g）
　塩（肉の重さの2.5%）
　　― 小さじ1

作り方　●全量 382kcal

1 とり肉をポリ袋か保存袋に入れて塩をふり入れ、袋の上から手でもんで全体にまぶします。空気を抜いて、袋の口をしばり冷蔵庫に入れます。2日おきます。

2 とり肉の塩気を洗い流します。鍋に肉がかぶるくらいの湯を沸とうさせ、肉を入れます。再び沸とうしたら弱火にし、鍋のふたをずらしてのせ、8～10分ゆでます。湯は、常に肉にかぶっているようにします。火を止めてそのままさまします（ゆで汁ごとゆっくりさますと、しっとり仕上がります。ゆで汁はスープやチキンピラフのスープに使え、冷蔵で翌日まで使用可）。

※塩と一緒に、好みのハーブやにんにくのすりおろし、あらびきこしょうなどをすりこむと、違った風味が楽しめます

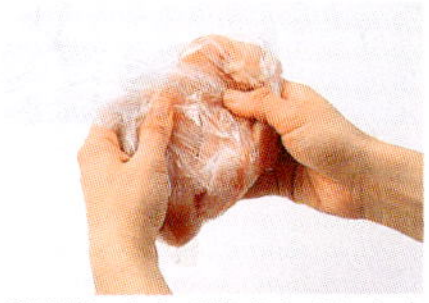
ポリ袋に入れて塩をまぶします

流水で洗い、塩気を落とします

トマトのチキンピラフ

ゆで汁を使って炊くから、うま味がたっぷり

15 min 調理時間（米を炊く時間は除く）

材料（4人分）

米 ― 米用カップ2（360ml）
たまねぎ ― ½個（100g）
にんにく ― 1片（10g）
サラダ油 ― 小さじ2
A　塩ゆでどりのゆで汁 ― 300ml
　　塩 ― 小さじ⅔
　　こしょう ― 少々
ミニトマト ― 10個（130g）
マッシュルーム水煮缶詰 ― 小1缶（50g）
グリーンピース（冷凍） ― 大さじ2

作り方　●1人分 318kcal

1 ミニトマトはへたをとります。たまねぎ、にんにくはみじん切りにします。

2 フライパンに油を温め、にんにくとたまねぎをこがさないように、中火でいためます。香りが出たら、米を加えて、すき通るまで弱火で2～3分いためます。

3 炊飯器に**2**とA、ミニトマト、マッシュルームの汁気をきって入れ、ふつうに炊きます。グリーンピースは解凍します。

4 器に盛り、グリーンピースを飾ります。

※塩ゆでどりの薄切りをのせても、おいしい

塩ゆでどりの和風サラダ

ノンオイルのゆずこしょうドレッシングが、ピリッと味を引き締めます

10 min 調理時間

材料（2人分）

塩ゆでどり ― ¼枚（約50g）
はくさい ― 100g
みず菜 ― 1株（40g）
A　ぽん酢しょうゆ（市販品） ― カップ¼
　　ゆずこしょう ― 小さじ½

作り方　●1人分 70kcal

1 塩ゆでどりは薄切りにします。

2 はくさいは軸と葉に分け、軸は3cm長さの薄切り、葉は3cm長さ、1cm幅に切ります。みず菜は3cm長さに切ります。Aは合わせます。

3 野菜と**1**を器に盛り、Aをかけます。

ベースになるおかず

牛丼の素

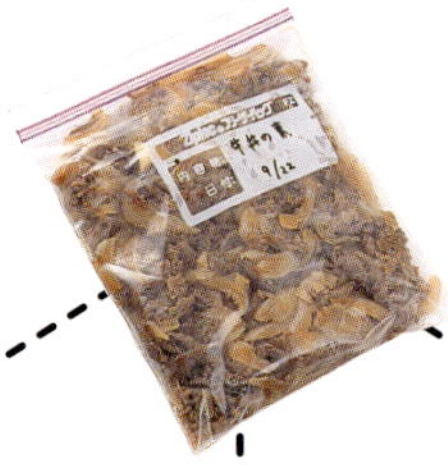

煮汁ごと密閉して冷蔵、
または小分けにして冷凍

牛丼

肉どうふ

レンジ肉じゃが

＼ベースになるおかず／

牛丼の素

3日 日もち　冷凍　お弁当 ▶（p.79）

20min 調理時間

牛丼の素は材料が少なく、煮る時間も短いので、あいた時間でさっと作れます。お得な切り落とし肉でたっぷり作って、小分けにして冷凍しておけば、牛丼や煮ものにすぐ使えるので、忙しいときにとても重宝します（名古屋教室　伊藤美紀代）

材料（約1kg分）

牛切り落とし肉 — 500g
たまねぎ — 2½個（500g）
A
- 砂糖 — 大さじ3
- しょうゆ — カップ¼
- 酒 — カップ¼

水 — カップ1

作り方 ●全量 1908kcal

1 たまねぎは7〜8mm幅に切ります。牛肉はひと口大に切ります。

2 鍋にAを合わせて、肉を入れます。ほぐしながら、強火で煮ます。

3 肉の色が変わったら、たまねぎと分量の水を加えます。時々上下を返しながら、ふたをして中火で約10分煮ます。

肉がくっつかないように、ほぐします

時々上下を返して味をなじませます

牛丼

やっぱりおいしい定番の味。温泉卵をのせても合います

材料（2人分）

牛丼の素 — 250g
しらたき — 80g
紅しょうが — 20g
温かいごはん — 360g

作り方 ●1人分 549kcal

1 しらたきはさっとゆでて、4〜5cm長さに切ります。

2 鍋に牛丼の素（冷凍のままでOK）としらたきを入れ、中火で3〜4分煮ます。

3 丼にごはんを盛り、**2**をのせて紅しょうがを添えます。

10min 調理時間

肉どうふ

汁気がたりないので、水としょうゆをたして煮ます

材料（4人分）

牛丼の素 — 250g
もめんどうふ — 1丁（300g）
しめじ — 1パック（100g）
みず菜 — 1株（40g）
A
- 水 — カップ½
- しょうゆ — 大さじ½

作り方 ●1人分 184kcal

1 しめじは根元を切り落とし、小房に分けます。みず菜は5〜6cm長さに切ります。とうふは12等分します。

2 鍋に牛丼の素（冷凍のままでOK）、Aを加えて温めます。とうふとしめじを加えて落としぶたをし、中火で7〜8分煮ます。みず菜を入れて、ひと煮立ちさせます。

15min 調理時間

レンジ肉じゃが

調味料は入れずに、材料全部を電子レンジにかけるだけ

25min 調理時間

材料（4人分）

牛丼の素 — 250g
じゃがいも — 大2個（400g）
にんじん — ½本（100g）
さやいんげん — 5本

作り方 ●1人分 199kcal

1 にんじんは2cm角、いんげんは3cm長さに切ります。じゃがいもは3cm大に切って、水にさらして、水気をきります。

2 大きめの耐熱容器にじゃがいも、にんじんを並べ、牛丼の素（冷凍のままでOK）をのせます。ラップを落としぶたのようにのせて、電子レンジに5〜8分かけます。とり出してラップをはずし、上下を返します。もう一度ラップをのせて約5分加熱し、上下を返します。いんげんを加えて、ラップをのせてさらに約5分加熱します。そのままおき、味をなじませます。

※鍋で作る場合は、鍋にいんげん以外の材料全部とだしカップ¾を入れ、落としぶたと、鍋のふたをずらしてのせ、中火で約15分煮ます。上下をそっと返して、いんげんを加え、ふたをして2〜3分煮ます

＼ベースになるおかず／

ラタトゥイユ

密閉して冷蔵

野菜カレー

とり肉のソテー

＼ベースになるおかず／

ラタトゥイユ

3日 日もち　お弁当　子ども

30min 調理時間

暑くて料理に手を抜きがちな夏は、かんたんな食事になって、栄養が偏りがちです。ラタトゥイユがあれば、野菜がたっぷり食べられて夏バテ予防になります。冷たくても温かくしてもおいしいので、パンと合わせたり、ソースとして肉や魚と合わせます（香月）

材料（約900g分）

なす―4個
赤ピーマン―大1個（150g）
ズッキーニ―1本（150g）
さやいんげん―5本
たまねぎ―1個（200g）
にんにく―1片（10g）
オリーブ油―大さじ3
A
トマト水煮缶詰（カット）―1缶（400g）
白ワイン―カップ1/4
ローリエ―1枚
塩―小さじ2/3
こしょう―少々

作り方　●全量 677kcal

1 なすとズッキーニは7～8mm幅の輪切りにします。ピーマンはひと口大の乱切りにします。いんげんは5cm長さに切り、たまねぎは1cm幅のくし形に切ります。にんにくはみじん切りにします。

2 大きめの鍋にオリーブ油を温め、にんにく、たまねぎを中火でいためます。

3 たまねぎがしんなりしたら、残りの野菜を加えてさらに2～3分いためます。Aを加えて、ふたをずらしてのせ、弱火にして、時々混ぜながら、約20分煮ます。

いためて、野菜のうま味を引き出します

野菜カレー

カレールウを加えれば、野菜たっぷりカレーに変身。肉を焼いて加えても

10min 調理時間

材料（2人分）

ラタトゥイユ―400g
水―カップ1
カレールウ―40g
ガラムマサラ（あれば）―小さじ1/2
温かいごはん―300g
フライドオニオン（市販品）―大さじ2
きゅうりのピクルス（あれば）―2本（10g）

作り方　●1人分 499kcal

1 鍋にラタトゥイユと分量の水を入れ、中火で温めます。沸とうしたら火を止め、カレールウを加えて溶かします。

2 とろみがつくまで中火にかけます。火を止めて、ガラムマサラを加えてひと混ぜします。

3 ごはんに**2**をかけ、フライドオニオンをのせます。ピクルスを添えます。

とり肉のソテー

ラタトゥイユをソース代わりにして、ボリュームを出します

20min 調理時間

材料（2人分）

とりもも肉―1枚（250g）
　塩―小さじ1/4
　あらびき黒こしょう―少々
　ローズマリー*―10g
サラダ油―大さじ1
ラタトゥイユ―400g

*好みのハーブでも。ドライハーブなら3g使います。ガーリックパウダーでも

作り方　●1人分 423kcal

1 とり肉は身を切り開き、厚みを均等にします。塩、こしょうを両面にふります。ローズマリーは飾り用をとりおき、葉をこそげとってとり肉にまぶします。

2 フライパンに油を温め、とり肉の皮を下にして入れます。フライ返しなどで上から押さえ、中火でパリッとさせるように焼きます。

3 焼き色がついたら裏返し、火を弱めてふたをします。4～5分、中に火が通るまで焼きます。

4 ラタトゥイユは温めます。肉を器に盛り、ラタトゥイユを添え、ローズマリーを飾ります。

トマト水煮缶詰

ベースになるおかず＋アレンジ

＼ベースになるおかず／
トマトソース

密閉して冷蔵、
または小分けにして、
冷凍

ミネストローネ

とり肉とねぎのトマトパスタ

＼ベースになるおかず／

トマトソース

4〜5日 日もち 冷凍

25 min 調理時間

トマトのうま味がぎゅっとつまったおいしいソースです。トマトとにんにくだけのシンプルな味だから、どんな料理にも応用可能。ピザやパスタのほか、いためた野菜とあえたり、マッシュポテトと混ぜてチーズをのせ、グラタン風にして食べます（銀座教室　田中和代）

材料（約450g）

トマト水煮缶詰*— 2缶（800g）
にんにく — 2片（20g）
オリーブ油 — 大さじ1
ローリエ — 1枚
塩 — 小さじ$2/3$
こしょう — 少々

*ホールを使うと、なめらかなソースになります

作り方 ●全量 369kcal

1 トマトは実と汁に分けます。にんにくはみじん切りにします。
2 厚手の鍋に、にんにくとオリーブ油を入れて、にんにくをこがさないように弱火でいためます。
3 トマトの実を加えて、つぶしながら2〜3分いためます。トマトの汁とローリエを加えて、弱火でこがさないように約15分煮ます。塩、こしょうで味をととのえます。

ミネストローネ

トマトソースを使うから、濃厚な味です

15 min 調理時間

材料（4人分）

キャベツ — 1枚（60g）
たまねぎ — $1/2$個（100g）　にんじん — 50g
ベーコン — 2枚（40g）　オリーブ油 — 大さじ$1/2$
A［トマトソース — カップ1　水 — カップ3
ショートパスタ*— 30g

*スパゲティを折って入れても

作り方 ●1人分 125kcal

1 キャベツ、たまねぎ、にんじんは1cm角に切ります。ベーコンは1cm幅に切ります。
2 鍋にオリーブ油を温め、**1**を中火でいためます。たまねぎがしんなりしたらAを加え（トマトソースは冷凍のままでOK）、沸とうしたらアクをとります。
3 弱火にしてパスタを加え、ふたをずらしてのせて、パスタの表示時間どおりに煮ます。塩、こしょう各少々（材料外）で味をととのえます。

※早ゆでタイプのパスタを使うときは、**2**で3〜4分煮ます。

おいしい朝食アイディア

具をのせたピザトーストは、小さい子にとっては食べにくいものですが、$1/8$のひと口サイズに切ると、上手に食べられます。トマトソースをのせたら、チーズも具も、小さく切ってのせて焼き、切ります。

チャイルドピザトースト

とり肉とねぎのトマトパスタ

とろりと甘いねぎが、意外なおいしさ

20 min 調理時間

材料（2人分）

とりもも肉 — 1枚（250g）
［塩 — 小さじ$1/2$　こしょう — 少々
ねぎ — 1本
赤とうがらし — 小1本
オリーブ油 — 大さじ1
トマトソース — カップ$1/2$
スパゲティ — 160g
［湯 — 2ℓ　塩 — 小さじ2
スパゲティのゆで汁 — カップ$1/4$
パルミジャーノチーズ（粉チーズでも） — 5g

作り方 ●1人分 679kcal

1 トマトソースは冷凍なら解凍しておきます。とり肉は3cm大のそぎ切りにし、塩、こしょうで下味をつけます。
2 ねぎは斜め薄切りにします。赤とうがらしは2つに切って、種をとります。
3 鍋に分量の湯をわかして塩を入れ、スパゲティをゆで始めます。
4 フライパンにオリーブ油を温め、赤とうがらしと、とり肉を入れます。中火で3〜4分ずつ、中に火が通るまで両面を焼きます。
5 ねぎを加えてさらにいため、しんなりしたら、トマトソースを加えます。塩、こしょう各少々（材料外）で味をととのえ、スパゲティと分量のゆで汁を加え、あえます。器に盛り、パルミジャーノチーズをけずってのせます。

＼ベースになるおかず／

ひじきの煮もの

密閉して冷蔵、
または小分けにして冷凍

ひじきと
枝豆の混ぜごはん

ひじきの
お焼き

ひじきの
蒸しどうふ

＼ベースになるおかず／

ひじきの煮もの

3～4日 日もち　冷凍　お弁当　子ども

体のことを考えたら、忙しいときこそ、ひじきの煮もののようなおそうざいをしっかり食べたいものです。冷凍できるので、たっぷり作っておけます。味がしっかりしている分、いつも同じ食べ方では飽きてしまうので、卵焼きにしたり、野菜と合わせて目先を変えます（森）

20min 調理時間（ひじきをもどす時間は除く）

材料（約350g分）

芽ひじき — 30g
にんじん — ½本（100g）
油揚げ — 1枚
サラダ油 — 大さじ½
A
- だし — カップ1
- 砂糖 — 大さじ1½
- 酒・しょうゆ — 各大さじ2

作り方 ●全量 306kcal

1 ひじきは洗って、たっぷりの水に20～30分つけてもどします。ざるにあけて、水気をきります。

2 にんじんは3㎝長さの細切りにします。油揚げは熱湯をかけて油抜きし、縦半分にし、細切りにします。

3 鍋に油を温め、**1**、**2**をいためます。油がまわったらAを加え、汁気がほとんどなくなるまで、時々混ぜながら中火で煮ます。

最初に油でよくいためます

ひじきと枝豆の混ぜごはん

枝豆と卵の彩りが、目に鮮やか

10min 調理時間

材料（4人分）

ひじきの煮もの — 100g
枝豆（冷凍） — 40g
卵 — 2個
A
- 砂糖・みりん — 各大さじ½
- 塩 — 少々

温かいごはん — 600g

作り方 ●1人分 328kcal

1 枝豆は解凍し、さやから出します。ひじきの煮ものと枝豆、塩小さじ⅙（材料外）を器に入れて混ぜ、ラップをかけて電子レンジで1～2分加熱します（ひじきの煮ものは、冷凍なら電子レンジで解凍し、枝豆と塩小さじ⅙を混ぜ、温めます）。

2 卵をときほぐし、Aを混ぜます。フライパンを温め、いり卵を作ります。

3 ごはんに**1**、いり卵を混ぜます。

ひじきのお焼き

ちりめんじゃこを加えて、さらにカルシウムたっぷり

10min 調理時間

材料（4人分）

ひじきの煮もの — 50g
万能ねぎ（3㎝長さに切る） — ½束（50g）
ちりめんじゃこ — 15g
卵1個＋水を合わせて — 150ml
小麦粉 — 80g
ごま油 — 小さじ1
たれ
- しょうゆ・酢 — 各大さじ1
- ごま油 — 少々

作り方 ●1人分 134kcal

1 ひじきの煮ものは、冷凍なら解凍します。ボールに卵水と小麦粉を入れてさっくりと混ぜます。ひじきの煮もの、ねぎ、ちりめんじゃこを加えて混ぜます。

2 フライパンにごま油を温め、**1**を⅛量ずつ7～8㎜厚さに広げます。よい焼き色がついたら裏返し、両面を焼きます。8枚焼きます。器に盛り、たれの材料を合わせて添えます。

ひじきの蒸しどうふ

15min 調理時間

混ぜて電子レンジにかけるだけ。庶民派ひじき煮が上品な味に大変身

材料（4人分）

ひじきの煮もの — 100g
絹ごしどうふ — 1丁（300g）
卵 — 2個
みつば — スポンジ½個分（10g）
A*
- だし — カップ1
- みりん — 大さじ1
- しょうゆ — 大さじ1

かたくり粉 — 小さじ2

*Aの代わりに、めんつゆを、かけつゆ程度に薄めてカップ1使っても

作り方 ●1人分 121kcal

1 ひじきの煮ものは、冷凍なら解凍します。とうふはあらくくずします。みつばは2㎝長さに切ります。

2 ボールに卵をときほぐし、とうふ、ひじきの煮ものを入れて混ぜ、茶碗などの器に4等分して入れます。

3 ラップをふんわりかけて、器ひとつにつき、電子レンジで約2分、固まるまで加熱します。

4 小鍋にAとかたくり粉を合わせ、混ぜながら火にかけて沸とうさせます。とろみがついたら、みつばを加え、**3**にかけます。

漬けておく

魚や肉を多めに買ったときは、みそ漬けにすると、くさみがとれ、保存がききます。みその作用でうま味が増し、しかも味がついているので、食べるときは火を通すだけですみます。忙しい人にうってつけの作りおきです

密閉して冷蔵、または冷凍

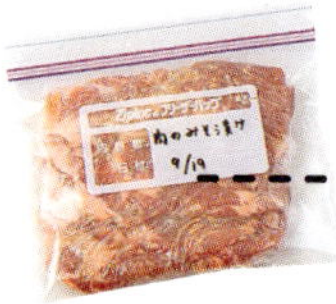

密閉して冷蔵、または冷凍

豚肉のにんにくみそ漬け焼き

にんにく入りの変わりみそ漬けは、新しい味わいです。ごまをつけて焼けば、香ばしい（香月）

3～4日 日もち（漬けた状態で） 冷凍 お弁当

15min 調理時間（漬ける時間は除く）

材料（4人分）

豚肩ロース肉（しょうが焼き用）—8枚（400g）

みそ床
- みりん—大さじ1
- はちみつ—大さじ1½
- みそ—大さじ4
- にんにく—1片（10g）

いりごま（白）—大さじ4

作り方 ●1人分 336kcal

●作りおき

1 にんにくはすりおろし、みそ床の材料を合わせます。

2 ラップを大きめに広げ、みそ床約大さじ1を広げます。肉をのせて、肉の上にもみそ床を塗り、肉を重ねます。これをくり返します。ラップで包み、保存袋や容器に入れて、冷蔵庫に入れます（1時間以上おきます）。

●食べるとき　調理時間15分

3 みそ床をへらでざっと除きます。ごまをふり、グリルの中火で色づくまで4～5分ずつ両面焼きます。こげそうなときは、アルミホイルをかぶせます。

※フライパンでも焼けます。こげやすいので、油を入れず、クッキングシートを敷いて焼きます

※盛りつけるときは、肉は切り分け、ベビーリーフなどを添えます

たらのみそ漬け焼き

定番のみそ漬けです。ほかの魚や肉でも応用できます（香月）

3～4日 日もち（漬けた状態で） 冷凍 お弁当 ▶（p.78）

10min 調理時間（漬ける時間は除く）

材料（4人分）

生たら*—4切れ（400g）

*かじき、さけ、さわらなどでも

みそ床
- 砂糖—大さじ1
- みりん—大さじ1
- みそ—大さじ3

作り方 ●1人分 108kcal

●作りおき

1 みそ床の材料を合わせます。

2 たらの水気をふいて両面にみそ床を塗ります。ラップで包んで保存袋や容器に入れ、冷蔵庫に入れます（1時間以上おきます）。

●食べるとき　調理時間15分

3 たらをとり出し、みそ床をへらでざっと除きます。グリルの中火で両面を3～4分ずつ色づくまで焼きます。ラディッシュの甘酢漬けなどを添えます。

※フライパンでも焼けます。こげやすいので、油を入れず、クッキングシートを敷いて焼きます。

ラディッシュの甘酢漬けの作り方

A<**酢大さじ1　砂糖小さじ½　塩小さじ⅛**>は合わせます。**ラディッシュ4個**は薄切りにします。Aにつけ、水気を軽くしぼります。

ヨーグルト漬け

グリルチキン　カレー風味

3日もち（漬けた状態で）　お弁当

とり肉はヨーグルトに漬けると、くさみがなくなり、まろやかな味になります。
カレー粉と調味料を加えれば、スパイシーでジューシーな
タンドリーチキン風が気軽に楽しめます（香月）

材料（4人分）

とりもも肉—2枚（500g）

A
- 塩—小さじ½
- こしょう—少々

B
- プレーンヨーグルト*—カップ½
- カレー粉—大さじ1
- トマトケチャップ—大さじ2
- 塩—小さじ⅙
- にんにく（すりおろす）—1片（10g）
- しょうが（すりおろす）—1かけ（10g）
- しょうゆ—小さじ1
- こしょう—少々
- サラダ油—小さじ1

10min 調理時間（漬ける時間は除く）

*ケフィアでも作れます

ポリ袋の上から、もんで味をなじませます

作り方　●1人分 273kcal

●作りおき

1 とり肉は半分に切り、身に厚みの半分くらいまで1cm間隔で切りこみを入れます。皮はフォークか竹串で穴をあけます。Aで下味をつけます。

2 ポリ袋にBの漬けだれの材料を合わせて混ぜます。肉を入れてよくもみこみ、約30分室温におきます（暑いときは、すぐ冷蔵庫に入れます）。

●食べるとき　調理時間15分

3 肉をとり出して、漬けだれを軽く除き、皮を上にしてグリルに入れます（脂がたくさん落ちるので、グリルの受け皿にアルミホイルを敷くと、あとかたづけがらく）。パリッとして焼き色がつくまで、中火で5～6分焼きます。裏返し、火を弱めて、中まで火が通るまで5～6分焼きます。こげそうなときは、アルミホイルをかぶせます。

※オーブンで焼くときは、200～220℃で15～20分焼きます。

ピタパンサンドで

たまねぎの薄切りは水にさらして水気をきり、好みのドレッシングをかけます。食べやすく切ったグリルチキンとプリーツレタス、トマト、たまねぎをピタパンに詰めます。マヨネーズをかけても

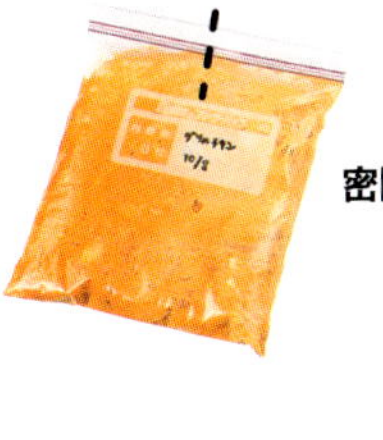

密閉して冷蔵

魚

密閉して冷蔵

密閉して冷蔵

さけの焼きびたし

熱いうちに調味液につけると、
味がじっくりしみこんで、おいしくなります。
朝作って冷蔵庫に入れておけば、
夕ごはんとしてすぐ食べられます（森）

3日 日もち　お弁当

材料（4人分）

生さけ — 4切れ（400g）
　塩 — 小さじ¼
ねぎ — 1本
ししとうがらし — 20本
みょうが — 4個
A［酢 — カップ½
　酒 — カップ¼
　砂糖 — 大さじ1
　しょうゆ — 大さじ2］

20min 調理時間

作り方　●1人分 156kcal

1 さけは両面に塩をふって、約5分おきます。

2 ねぎは4㎝長さに切り、ししとうは縦に切りこみを入れます。みょうがは縦半分に切ります。

3 Aを鍋に合わせ、ひと煮立ちさせてバットに移します。

4 野菜をグリルで焼き色がつくまで両面焼き、Aにつけます。続けて、さけの水気をふいて、約4分焼きます。裏返して中火で約5分焼き、Aにつけます。すぐ食べられます。

さけのゆずの香り漬け

3日 日もち（漬けた状態で）　お弁当

ゆずの香りで季節感を演出。
焼くときに漬け汁を煮つめて塗るので、照りが出て、品よく仕上がります。（森）

材料（4人分）

生さけ — 4切れ（400g）
　塩 — 小さじ¼
ゆず — ½個
A［しょうゆ — 大さじ2
　酒 — 大さじ2
　みりん — 大さじ2］

20min 調理時間（漬ける時間は除く）

作り方　●1人分 150kcal

●作りおき

1 さけをざるにのせて、両面に塩をふり、10分おきます。

2 トレーや保存容器、保存袋にAを合わせます。ゆずは半分に切って、薄切りにし、Aに加えます。

3 さけの水気をふいてAに入れ、20〜30分おきます。途中で上下を返します。

●食べるとき　調理時間15分

4 さけの汁気をきります。汁は小鍋に移して1〜2分煮つめます。

5 さけは、グリルの中火で約3分焼きます。裏返して、5〜6分焼きます。再び返して、漬け汁をはけなどで塗って、さっとグリルで乾かします。

6 器にさけを盛り、あれば、ゆずの薄切りを飾ります。黄菊の甘酢あえなどを添えます。

黄菊の甘酢あえの作り方

A<**砂糖大さじ1　酢大さじ2　塩少々**>は合わせます。**黄菊8個**は花びらをつみます。**熱湯カップ2**に**酢大さじ½**を入れて、菊をさっとゆでます。冷水にとり、水気をしぼって（この状態で冷凍できます）、Aにつけます。汁気を軽くしぼります。

さけフレーク

4~5日 日もち　冷凍　お弁当 ▶(p.78)　子ども

20min 調理時間

手づくりのフレークは、ふわっとやわらかく、塩気も自分好みに調節できるので、買うものよりずっとおいしい。冷凍してもパラパラした状態なので、そのままおにぎりに入れられます（森）

密閉して冷蔵、
または冷凍

材料（約200g分）

生さけ* — 2切れ（200g）

A
- 塩 — 小さじ1/3
- 酒 — 小さじ1

B
- しょうゆ — 大さじ1/2
- みりん — 大さじ1/2
- 塩 — 小さじ1/4

いりごま（白）— 大さじ1

作り方 ●全量　331kcal

1 さけにAをまぶし、約10分おきます。

2 水気をふいて耐熱皿に並べ、ラップをして、電子レンジで約3分加熱します。さまします。

3 あら熱がとれたら、皮と骨を除き、身をほぐして鍋に入れ、Bを加えます。

4 弱火にかけ、さい箸で混ぜながら、ふんわりとするまでいります。ごまを混ぜます。

*甘塩さけでも作れます。Aは酒大さじ1のみ、Bはみりん大さじ1/2のみにして、塩分を減らします

電子レンジで加熱したあと、鍋でパラパラにほぐします

おいしい朝食アイディア

おにぎりの具は、さけフレークといり卵、青のり。中に入れずに、外側にまぶせば、おにぎりが彩り豊かに変身です。食卓でパッと目を引いて、食欲のない朝も自然と手が伸びます。

にぎやかおにぎり

魚

密閉して冷蔵

わかさぎのエスカベーシュ

4日 日もち　子ども

20min 調理時間

わかさぎは、揚げれば頭も骨も丸ごと食べられて、カルシウムがたっぷりとれます。新鮮なものを見つけたときは、子どものためにもよく作っていました。下ごしらえがいらず、フライパンで揚げられるので気軽に作れます（香月）

材料（4人分）

わかさぎ—300g

A
- 塩—小さじ½
- こしょう—少々

小麦粉—大さじ2

揚げ油—適量

たまねぎ—½個（100g）

にんじん（5cm長さ）—60g

B
- 酢—大さじ5
- 塩—小さじ1
- こしょう—少々
- パセリ（細かく切る）—1枝
- サラダ油—カップ½

作り方　●1人分 229kcal

1 わかさぎは、Aをふって下味をつけます。

2 たまねぎは薄切りにし、にんじんはせん切りにします。

3 Bはバットなどに合わせて、**2**を加えます。

4 深めのフライパンに揚げ油を1cm深さに入れ、中温（170℃）に熱します。わかさぎの水気をふき、小麦粉をつけて揚げます。熱いうちに**3**につけます。

●食べるとき　調理時間**5**分

チコリやレタスなどと一緒に食べます。

深めのフライパンを使えば、揚げものもできます

カラッと揚がったら、そのまま調味液につけます

料理の小ワザ

揚げものをしたときは、周囲の油汚れが気になります。そんなときは、揚げもので残った小麦粉を活用！　油汚れが気になるところに霧吹きで水をかけ、残った小麦粉をふって、不要の布などでふきとればスッキリきれいになります（藤岡）

かじきの揚げびたし カレー風味

4日 日もち

火を通すとパサつきがちなかじきですが、揚げびたしなら、しっとりおいしい。ほんのり香るカレー味が食欲をそそります。作りたては酸味が強めですが、時間がたつほどに味がなじんで、まろやかになります（森）

30min 調理時間

材料（4人分）

かじき — 4切れ（400g）
　塩 — 小さじ½
小麦粉 — 大さじ2
なす — 2個
赤ピーマン — 大1個（150g）
ズッキーニ — 1本（150g）
揚げ油 — 適量
A
　ワインビネガー（白） — カップ½
　白ワイン — カップ½
　水 — カップ¼
　塩 — 小さじ1
　カレー粉 — 小さじ⅔

作り方　●1人分 277kcal

1 Aを鍋に入れ、ひと煮立ちさせます。バットなどに入れます。

2 かじきは1切れを4等分し、塩をふって約10分おきます。

3 なすは縦6等分にし、赤ピーマンは種をとって、かじきと同じくらいの大きさに切ります。ズッキーニは1cm厚さの斜め切りにします。

4 深めのフライパンに1～2cm深さまで揚げ油を入れて、中温（170℃）に熱します。**3**の水気をよくふき、素揚げにします。油をきって、熱いうちに**1**につけます。

5 かじきの水気をふき、小麦粉をまぶします。カリッとするまで揚げ、油をきって、熱いうちに**1**につけます。

密閉して冷蔵

週末の作りおき

料理の小ワザ

揚げものをするときは、ついでになすを3～4個、乱切りか輪切りにして素揚げします。冷蔵庫に入れれば翌々日までもち、冷凍なら1～2週間もちます。サラダに入れたり、だいこんおろしとしょうゆをかけて、一品にします。煮ものにするにも便利です（池袋教室　近藤美恵子）

密閉して冷蔵

いかのやわらかマリネ

4日 日もち

いかは、いためすぎるとかたくなるので、多めの油でさっといためます。とてもやわらかく、味がしっかりからみます。セロリもさっと火を通すことで、くせがなくなり食べやすくなります（藤岡）

20min 調理時間

材料（4人分）

いか — 1ぱい（300g）
たまねぎ — 1個（200g）
セロリ — 1本（100g）
にんにく — 1片（10g）
サラダ油 — 大さじ4

A
- ワインビネガー（白） — 大さじ3
- レモン汁 — 大さじ2
- ローリエ — 1枚
- 塩 — 小さじ1
- こしょう — 少々
- オリーブ油 — 大さじ3

油が多めなので、揚げ網などでとり出すと便利です

作り方 ●1人分 268kcal

●作りおき

1 Aはバットに合わせます。たまねぎは薄切りにして、Aにつけます。セロリは筋をとり、7～8㎜厚さの斜め切りにします。にんにくは薄切りにします。

2 いかは内臓をとって、皮をむきます（店に頼んでも）。胴は1㎝幅の輪切りに、足は小分けにします。

3 深めのフライパンにサラダ油とにんにくを入れ、弱火でいためます。香りが出て、にんにくが薄く色づいたらとり出し、Aにつけます。次にセロリを中火でさっといためてとり出し、Aにつけます。

4 続けていかを入れ、弱火で1～2分いため、色が変わったらAにつけて混ぜます。冷蔵庫で冷やします。

●食べるとき　調理時間5分

あればピンクペッパーを散らし、セロリの葉をちぎってのせます。

先生の かんたん recipe

セロリのかんたん浅漬け

2～3日冷蔵庫に入れておくと、味がなじんで“パリッ、しな”の食感が楽しめます
（札幌教室　斉藤多真美）

セロリは筋をとって、4㎝長さに切り、縦に薄切りにします。**塩少々**と**ごま油少々**であえます。

あじのビネガー煮

4~5日もち

15min
調理時間
(トマトをもどす時間は除く)

あじをワインビネガーでさっと煮て、ワインにぴったりの前菜にしました。
パンやクラッカーにのせれば、北欧風オープンサンドのできあがり。
野菜と盛りつけて、サラダ仕立てにしても(藤岡)

材料(4人分)

あじ(三枚おろし)
—3尾分(270g)
ドライトマト—10g
赤とうがらし—2~3本
にんにく—1片(10g)
A［ワインビネガー(白)—カップ½
水—カップ⅓］
ケイパー*—大さじ1
黒オリーブ*—8個

*なくてもおいしく作れます

作り方 ●1人分 86kcal

●作りおき

1 ドライトマトは、水に20~30分つけてもどします。5mm幅に切ります。にんにくは薄切りにします。赤とうがらしは2つに切って、種をとります。

2 あじは1枚を3~4つに切ります。

3 フッ素加工のフライパン、またはステンレス製の鍋にAを入れて煮立て、**1**と**2**を入れます。中火で約5分煮ます。煮汁につけたままさまし、ケイパー、黒オリーブを加えます。

●食べるとき 調理時間3分

前菜風にするときは、オリーブ油をかけて、ディルを添えます。

先生のかんたんrecipe

いちじくのワイン漬け

飲み残しのワインでおいしい一品が作れます
(藤沢教室 吉越ゆみ子)

いちじくは皮をむき、縦4~6等分にします。きれいなびんに入れて、**赤ワイン**をひたひたになるまでそそぎ、冷蔵庫に入れます。3日ほどもちます。アイスクリームやヨーグルトに添えて食べます。また、たまねぎで作ると、サラダのトッピングとしても使えます。

密閉して冷蔵

だいこんを1本使いきる、作りおきのおかず

旬のだいこんはみずみずしくてやわらかく、値段も手ごろ。
でも丸ごと1本買い求めると、少人数の家庭では残ってしまいがちです。
そんなときこそ、作りおきのおかずの出番。すぐに使いきれます。

密閉して冷蔵

牛ばら肉とだいこんの煮もの

4日もち

焼き肉用の牛ばら肉を使うので、らくに作れます。かくれた主役はだいこん。
口の中に入れるととろけるほどやわらかく、うま味がたっぷりのピリ辛味です（香月）

60min 調理時間

材料（4人分）

牛ばら肉（焼き肉用）―300g
だいこん―1/3本（300g）
にんじん―1本（200g）
ねぎ―1本
にんにく―1片（10g）
しょうが―1かけ（10g）
A
- 砂糖―大さじ1
- しょうゆ―大さじ2
- 酒―大さじ1
- みそ―小さじ1
- 豆板醤（トーバンジャン）―小さじ1

サラダ油―大さじ1 1/2

作り方 ●1人分 440kcal

1 だいこんとにんじんは、ひと口大の乱切りにします。ねぎは1cm幅の斜め切りにします。にんにく、しょうがは薄切りにします。

2 牛肉はひと口大に切ります。Aは合わせます。

3 厚手の鍋に油を温め、弱火でにんにく、しょうがをいためます。香りが出たら、ねぎを加え、強火で焼き色がつくまでいためます。

4 牛肉を加えていため、色が変わったらAを加えます。煮つまったら、火を止めます。

5 だいこんとにんじんを加え、水カップ2（材料外）を加えて火をつけます。沸とうしたらアクをとり、落としぶたをして、鍋のふたをずらしてのせます。弱火にし、時々混ぜながら、途中で水分がたりなくなったら水をたして約40分、汁気がほとんどなくなるまで煮ます。

密閉して冷蔵

だいこんのぽりぽり甘酢漬け

3~4日 日もち　お弁当

だいこんをどーんとたっぷり使いたいから、切り方は大胆に大きくします。
ぽりぽりと歯ごたえが楽しく、あっという間に食べきってしまいます（渋谷教室　三笠かく子）

50min 調理時間（漬ける時間は除く）

材料（6人分）

だいこん — 400g
　塩 — 小さじ1
こんぶ — 2㎝角
ゆず — 1/4個
しょうが — 小1かけ（5g）
A 酢 — 大さじ2
A はちみつ（または砂糖） — 大さじ1
A 塩 — 小さじ1/8

重しとして、皿をのせます

作り方　●1人分 25kcal

1 だいこんは皮をむき、6〜7㎝大の乱切りにします。ボールに入れて、塩をまぶします。皿2〜3枚の重しをのせて、40分ほどおきます。

2 こんぶははさみで細く切ります。ゆずは薄いいちょう切り、しょうがは薄切りにします。

3 別の大きめのボールにAを合わせます。だいこんの水気をしぼり、Aに入れます。**2**を加えて混ぜます。1時間ほどおくと食べられますが、ひと晩おくと、さらに味がなじみます。

先生の かんたんrecipe

だいこんの葉とさくらえびの辛味いため

葉もむだなく使いきります（銀座教室　松永幸枝）

2〜3㎝長さに切った**だいこんの葉200g**を、**サラダ油大さじ1/2**でいためます。油がまわったら、**さくらえび大さじ1**、**砂糖大さじ1/2**、**しょうゆ・酒各大さじ1**、**豆板醤（トーバンジャン）少々**を加えて、汁気がなくなるまで弱火でいためます。

だいこん

密閉して冷蔵

密閉して冷蔵

いろいろ野菜のさっぱり漬け

サラダのように、さっぱりと食べられます。日もちがするので、
いつもたっぷり作りますが、子どもが大好きなので、
作ってもすぐなくなってしまいます（名古屋教室　佐々木稔子）

4日 日もち　お弁当　子ども

60min 調理時間（漬ける時間は除く）

材料（6人分）

だいこん — 300g
にんじん — ½本（100g）
きゅうり — 2本
塩 — 小さじ1
A
- 赤とうがらし — 1本
- しょうが — 1かけ（10g）
- 酢 — カップ½
- 水 — カップ½
- 砂糖 — 大さじ5
- 塩 — 小さじ¼

作り方　●1人分 29kcal

1 野菜は大きめの乱切りにし、大きめのボールに入れます。塩をまぶし、皿2〜3枚の重しをのせて、40分ほどおきます。
2 赤とうがらしは半分に切って種をとり、しょうがは皮をこそげて薄切りにします。深めの保存容器などにAを合わせます。
3 **1**をざるにあけ、塩気を流水で洗い流します。ペーパータオルで水気をしっかりとります。Aに漬けます。半日おくと、おいしくなります。

だいこんのしょうゆ漬け

だいこんは塩もみせず、そのまま
漬けこむので、時間がないときでも
作れます。漬け汁の味は濃いめですが、
だいこんの水気がたっぷり出てくるので、
食べるときにはちょうどよくなります（藤岡）

4日 日もち　お弁当

10min 調理時間（漬ける時間は除く）

材料（6人分）

だいこん — 400g
しょうゆ — 大さじ3
みりん — 大さじ3

作り方　●1人分 24kcal

1 しょうゆ、みりんは鍋に入れて煮立て、さまします。大きめのボールか深めの保存容器に入れます。
2 だいこんは皮をむき、3〜4cm長さ、1cm角に切ります。**1**に漬けます。2〜3時間おくと、食べられます。

中華おこわ

冷凍　お弁当　子ども

50min
調理時間
（米を浸水させる時間は除く）

手間がかかるイメージのおこわを、切るもの少しで、いためる手間のないレシピにしました。材料全部を炊飯器に入れるだけなので、いつでもすぐ作れます（森）

材料（4人分）

もち米―米用カップ2（360ml）
焼き豚（市販品）―80g
ミックスベジタブル（冷凍）―50g
きくらげ―3g
甘栗（皮をむいたもの）―8個（40g）
A*
- 水―200ml
- 酒―大さじ1
- オイスターソース―大さじ1
- しょうゆ―大さじ½

*おこわなので、水分量は少なめです

作り方　●1人分 323kcal

1 もち米は洗って、たっぷりの水に1時間以上つけます。ざるにあけ、水気をきります。

2 きくらげは水で約5分もどして、かたいところを除き、5㎜幅に切ります。焼き豚は1㎝角に切ります。

3 炊飯器にAを合わせます。**1**、**2**、ミックスベジタブルを凍ったまま加え、ひと混ぜします。甘栗をのせて、ふつうに炊きます。

先生の かんたん recipe

なめたけの炊きこみごはん

便利ななめたけを使います
（柏教室　稲見公美子、大宮教室　廣兼久仁子）

米用カップ2の米は洗って、**水350ml**に30分つけます。**なめたけ小1びん（120g）**を加えて、炊飯器で炊きます。仕上げに**万能ねぎ**の小口切りを散らします。具に油揚げ½枚の細切り、ツナ缶詰1缶とにんじん50gの細切りを加えても。

食べる分ずつラップに包んで冷凍

枝豆の
ポタージュ
トマトとじゃがいもの
ポタージュ
カリフラワーのミルク
ポタージュ

野菜のポタージュ

冷凍　子ども　15min 調理時間

野菜をくったりと煮て、つぶしておけば、ポタージュの素のできあがり。
インスタントのスープにはない自然なおいしさが、たっぷり味わえます。冷凍できるので、
野菜がたりないときや、朝食時にさっと出せます。離乳食にもどうぞ（香月）

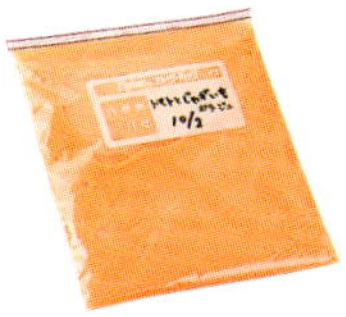

保存袋で冷凍

カリフラワーのミルクポタージュの素

やさしい味わいです

材料（4人分）

カリフラワー — 200g
たまねぎ — 40g
バター — 10g
A［水 — カップ1
　固形スープの素 — 1個

牛乳 — カップ2
塩・こしょう — 各少々
万能ねぎ — 2本

作り方　●1人分 102kcal

●作りおき

1 カリフラワーとたまねぎは薄切りにします。
2 鍋にバターを溶かし、**1**を中火でいためます。
3 たまねぎがしんなりしたら、Aを加えます。沸とうしたら火を弱め、カリフラワーがやわらかくなるまで5〜7分、ふたをして煮ます。あら熱をとります。
4 **3**をミキサーにかけて、なめらかにします。

●食べるとき　調理時間**5**分

ポタージュの素を凍ったまま鍋に入れ、牛乳を加えて弱めの中火で温めます。塩、こしょうで味をととのえます。器に盛ります。万能ねぎは、5cm長さの斜め切りにしてのせます。

※同じように、ブロッコリーのポタージュも作れます

トマトとじゃがいものポタージュの素

冷凍に不向きなじゃがいもも、
ポタージュならだいじょうぶ

材料（4人分）

じゃがいも — 1個（150g）
たまねぎ — 40g
バター — 10g
A［水 — カップ1½
　固形スープの素 — 1個

牛乳 — カップ1
トマトジュース — 100ml
塩・こしょう — 各少々
パセリ（みじん切り） — 少々

作り方　●1人分 108kcal

●作りおき

1 じゃがいも、たまねぎは薄切りにします。じゃがいもは水にさらして、水気をきります。
2 鍋にバターを溶かし、**1**を中火でいためます。
3 Aを加え、沸とうしたら火を弱め、ふたをして5分ほどじゃがいもがやわらかくなるまで、煮ます。あら熱をとります。
4 **3**をミキサーにかけて、なめらかにします。

●食べるとき　調理時間**5**分

ポタージュの素を凍ったまま鍋に入れ、トマトジュースと牛乳を加えて中火で温めます。塩、こしょうで味をととのえます。器に盛り、パセリのみじん切りを飾ります。

枝豆のポタージュの素

さっぱりとした夏向きの味

材料（4人分）

枝豆（冷凍でも） — 200g
たまねぎ — ½個（100g）
バター — 10g
A［水 — カップ2
　固形スープの素 — 1個

牛乳 — 150ml
塩・こしょう — 各少々
フランスパン（あれば） — 5cm

作り方　●1人分 96kcal

●作りおき

1 枝豆はやわらかくゆでて（冷凍なら解凍します）、さやから出し、薄皮をむきます。たまねぎは薄切りにします。
2 鍋にバターを溶かし、たまねぎを中火でしんなりするまでいためます。Aを加えて1〜2分煮ます。あら熱をとります。
3 **2**と枝豆をミキサーにかけて、なめらかにします。

●食べるとき　調理時間**5**分

フランスパンを1cm角に切って、オーブントースターでカリッと焼きます。ポタージュの素を凍ったまま鍋に入れ、牛乳を加えて弱めの中火で温めます。塩、こしょうで味をととのえます。器に盛り、フランスパンをのせます。

作りおきであわてない！悩まない！
朝のらくらく15分弁当

お弁当作りはたいへんだなぁ～と思うことがあっても、
勉強や仕事の合間の昼ごはんを楽しみにしてくれる
家族を思うと、「がんばるぞ！」という気持ちがわきます。
自分が食べるお弁当だって、手づくりなら、体にも、おさいふにもやさしい。
かんたんに手早く、おいしいお弁当を作るための強い味方も、
作りおきのおかず。これさえあれば、ほとんどできたも同然！
朝の時間がぐぐぐっとらくになります。

夕食と並行して献立を考えたり、
食事作りのついでに
一品仕上げるのも、コツ

おかず作りは、
“ベースになるおかず”に、
ひと手間加えるだけ

だから

朝作るのはちょっぴり。
これだけでもかなり手間が違う

おいしいお弁当作りのための 4つのくふう

1. 見た目を楽しく
—赤、黄、緑、黒色のおかずで、彩り豊かに

2. ちょっぴり濃い味
—味つけは、さめてもおいしく

3. いろんな味あり
—揚げもの＋酢のもの、辛いもの＋甘いもの

4. なごめるデザート
—フルーツや、おやつがあるとうれしい

とり肉のチャーシュー風で ピカタ弁当

とり肉には火が通っていて、味もついているので、さっと焼くだけ。だから早い

menu

- とり肉のピカタ
- いんげんのごまあえ
- いためなます
- ごはん

とり肉のチャーシュー風（P.49）で

とり肉のピカタ

材料（1人分）

とり肉のチャーシュー風（1cm厚さ）— 2枚
小麦粉 — 小さじ½
卵 — ½個
パセリのみじん切り — 小さじ1
サラダ油 — 大さじ½

作り方 調理時間**5分**／231kcal

1 とり肉のチャーシュー風は冷凍なら、解凍します。卵はときほぐし、パセリのみじん切りを混ぜます。とり肉の両面に小麦粉をまぶします。

2 フライパンに油を温め、とり肉の両面に卵液をつけて、中火で焼きます。表面が乾いてきたら、裏返して、色づくまで焼きます。

いんげんのごまあえ

作り方（1人分）

調理時間**5分**／31kcal

1 **さやいんげん2本**は、ラップで包んで電子レンジで約20秒加熱します。

2 3cm長さに切り、**ごまドレッシング（市販品）小さじ1**であえます。

いためなます

材料（2人分）

れんこん — 40g
にんじん — 20g
ぽん酢しょうゆ（市販品）— 大さじ1
サラダ油 — 小さじ½

作り方 調理時間**10分**／1人分 30kcal

1 れんこんは薄いいちょう切りにします。水にさらして、水気をきります。にんじんはれんこんと同じくらいの大きさに切ります。

2 鍋に油を温め、中火で**1**を1分ほどいためます。ぽん酢しょうゆを入れ、汁気がなくなるまでいためます。

コツ

ぽん酢しょうゆやめんつゆは、調味料として活用できます。また、ゆで野菜に市販のドレッシングをからめれば、野菜のあえもの1品がすぐできます。

ハンバーグで ハンバーガー弁当

手づくりならではの、食べごたえとおいしさ。
ハンバーグは、お弁当用に小さめサイズで作っておいても

menu

- ハンバーガー
- トーストポテト
- ケチャップパスタ
- グレープフルーツデザート

グレープフルーツデザート

作り方（1人分）
調理時間**5**分／50kcal

1 グレープフルーツ$\frac{1}{4}$個は皮をむき、薄皮から果肉をはずします。半分に切ります。

2 レーズン10gはさっと湯通しし、グレープフルーツと合わせて、器に入れます。

トーストポテト

作り方（1人分）
調理時間**15**分／103kcal

1 じゃがいも1個（150g）は皮をむき、1㎝角の棒状に切ります。水にさらして水気をよくきります。

2 オーブントースターの受け皿にじゃがいもを並べ、約10分、しっかりした焼き色がつくまで焼きます。

3 塩小さじ$\frac{1}{6}$、こしょう少々をふります。好みのハーブをまぶしても。

ハンバーグ（P.42）で

ハンバーガー

材料（1人分）

ハンバーグ―1個
バーガー用パン*―1個
サラダ菜― 1枚
きゅうりのピクルス― 1個（5g）
A［トマトケチャップ・ウスターソース―各大さじ$\frac{1}{2}$］

*好みのパンでも作れます

作り方 調理時間**5**分／420kcal

1 ハンバーグは、温めます。パンは横に2つに切ります。ピクルスは縦に薄切りにします。Aは混ぜます。

2 パンの下半分にサラダ菜、ハンバーグをのせ、Aを塗ります。ピクルスをのせ、パンの上半分をのせます。

ケチャップパスタ

材料（1人分）

スパゲティ（ゆでたもの）―50g
ミックスベジタブル（冷凍）―20g
A［トマトケチャップ―大さじ$\frac{1}{2}$
ウスターソース―小さじ1］
サラダ油―小さじ1

作り方 調理時間**5**分／72kcal

1 ミックスベジタブルはさっと湯に通します。

2 フライパンに油を温め、**1**とスパゲティをいためます。油がまわったら、Aを加えて、いため合わせます。

コツ

お弁当に入れるスパゲティはまとめてゆでて、冷凍しておくと便利。表示時間より短めにゆでて50gずつ小分けにし、保存容器に入れて冷凍します。電子レンジで解凍して使います。

魚のみそ漬け焼きで おにぎり弁当

味のしっかりついたみそ漬けは、お弁当向きです

menu

たらのみそ漬け焼き
そら豆とチーズのスティック
かぼちゃサラダ
ミニトマト
さけフレークおにぎり

かぼちゃサラダ

材料（1人分）
かぼちゃ — 150g
きゅうり（小口切り）— $\frac{1}{4}$本
マヨネーズ— 大さじ1
A［塩 — 小さじ$\frac{1}{8}$、こしょう — 少々］

作り方 調理時間**10**分／179kcal

1 かぼちゃは種とわたをとって、皮をむきます。1.5㎝角に切ります。耐熱容器に入れてラップをふんわりかけ、電子レンジで約4分加熱します。あら熱をとります。

2 きゅうりは塩少々（材料外）をふってしんなりさせます。水気をしぼります。

3 **1**にAをふって混ぜ、きゅうりとマヨネーズを加えてあえます。

ミニトマト

たらのみそ漬け焼き

たらのみそ漬け（P.60）を、グリルで両面を焼きます。半分に切ります。

さけフレークおにぎり

作り方（2個分）
調理時間**5**分／452kcal

1 **温かいごはん200g**、**さけフレーク（P.63）40g**をそれぞれ2等分します。**のり縦$\frac{1}{4}$枚**は、2つに切ります。

2 手に**塩水（塩1：水10の割合）**をつけて、ごはんを広げ、さけフレークをのせてにぎります。のりを巻きます（くわしいにぎり方はP.82）。

コツ
のりは、買ったときにおにぎり用サイズに切っておくと、忙しい朝にさっと使えます

そら豆とチーズのスティック

作り方（1人分）
調理時間**5**分／180kcal

そら豆2個はゆで（冷凍なら解凍します）、皮をむきます。そら豆、ひと口サイズの**プロセスチーズ2個**、**うずらの卵（水煮）2個**を1個ずつスティックに刺します。

牛丼の素で 牛丼弁当

ボリュームたっぷりで、男性にも喜ばれます

menu

- 牛丼
- ししとうとじゃこのいためもの
- いろいろ野菜のさっぱり漬け

ししとうとじゃこのいためもの

材料（1人分）

ししとうがらし―5本
ちりめんじゃこ―小さじ1
A［みりん―小さじ$\frac{1}{2}$
　しょうゆ―小さじ$\frac{1}{4}$
ごま油―小さじ$\frac{1}{2}$

作り方　調理時間**5**分／37kcal

1 ししとうは軸を切り落とし、縦に大きく切りこみを入れます。

2 フライパンにごま油を温め、**1**とちりめんじゃこをいためます。Aを加えてさらにいためます。

コツ

自家製のたれ（左下）を作っておけば、Aの代わりに使えます

いろいろ野菜のさっぱり漬け（P.70）

牛丼の素（P.52）で

牛丼

作り方（1人分）

調理時間**5**分／515kcal

1 のり$\frac{1}{4}$枚を1～2㎝角にちぎって、**温かいごはん160g**にのせます。**牛丼の素（P.52）120g**は、ラップなしで電子レンジで温めます。

2 牛丼の素のあら熱をとり、汁気をきって、ごはんにのせます。**紅しょうが10g**を添えます。

コツ

ごはんにのりをのせると、牛丼の汁気をほどよく吸って、ごはんがべちゃっとしません

先生の かんたん recipe

和風万能だれ

卵焼きの味つけや、煮ものにも便利
（名古屋教室　杉戸照代）

できあがり量（200ml）

1 しょうゆ・酒各100ml、**みりん70ml**、**けずりかつお1パック**を鍋に入れて、中火にかけます。

2 煮立ったら弱火にし4～5分煮ます。さめたら、ざるにペーパータオルを敷き、こします。きれいなびんに入れ、冷蔵庫で保存します。1～2週間保存できます。

ひよこ豆のドライカレーで ピーマンの肉詰め弁当

寝坊した日もだいじょうぶ。トースターだけで作る、超!かんたん弁当

menu

- ピーマンの肉詰め
- マッシュルームのチーズ焼き
- ミニトマト
- 雑穀ごはん

マッシュルームのチーズ焼き

材料(1人分)

マッシュルーム — 2個
しょうゆ — 少々
溶けるチーズ — 1/4枚

作り方 調理時間**5**分／17kcal

1 マッシュルームは4つに切ります。アルミカップに入れます。

2 しょうゆをかけ、チーズをのせて、オーブントースターで約4分焼きます。

ミニトマト

ひよこ豆のドライカレー(P.40)で

ピーマンの肉詰め

作り方(1人分)

調理時間**10**分／88kcal

1 **ドライカレー40g**は冷凍なら、解凍します。**ピーマン1個**は縦2つに切り、へたと種を除きます。

2 ピーマンにドライカレーを詰め、**パン粉小さじ1/2**をふります。オーブントースターで7〜8分焼きます。

コツ

トースターを活用すれば、鍋を使わないので、かたづけもらく

雑穀ごはん

米用カップ2の米をとぎ、**雑穀ミックス大さじ1**を加えてふつうに炊きます。

肉だんごで 彩り弁当

作りおきの肉だんごがあれば、
市販品に頼らなくてもOK

menu

- 肉だんごの甘辛あえ
- 卵焼きのアスパラ巻き
- さつまいものはちみつバター煮
- ゆでブロッコリー
- 手づくりふりかけのごはん

卵焼きのアスパラ巻き

材料（1人分）

卵 — 1個
マヨネーズ — 小さじ1
サラダ油 — 小さじ½
グリーンアスパラガス — 1本

コツ

卵焼きにマヨネーズを使うと、色鮮やかに、ふんわり作れます。

作り方 調理時間**5分**／126kcal

1 卵はときほぐし、マヨネーズ、塩、こしょう各少々（材料外）を混ぜます。フライパンに油を温め、卵を流し入れて広げ、薄い卵焼きを作ります。

2 アスパラガスは根元を切り落とし、かたいところの皮をむきます。長いままラップに包んで電子レンジに約30秒かけます。卵焼きで巻き、3㎝長さに切ります。

ゆでブロッコリー

アルミケースに**マヨネーズ小さじ1**を敷き、ゆでた**ブロッコリー30g**を詰めます。

さつまいものはちみつバター煮（P.9）

ゆで肉だんご（P.34）で

肉だんごの甘辛あえ

作り方
調理時間**5分**／118kcal

1 肉だんごは冷凍なら、解凍します。**水大さじ1**、**トマトケチャップ大さじ½**、**ウスターソース大さじ½**を鍋に合わせて温めます。

2 **肉だんご3個**を入れ、中火で煮からめます。

先生の かんたん recipe

手づくりふりかけ

自慢の手づくりふりかけは、おいしさも栄養も抜群
（銀座教室　大瀧信子、神戸教室　衣笠祥代）

たらこはグリルで焼いてほぐします。**さくらえび**、**いりごま**、**けずりかつお**、**青のり**を耐熱容器に適量ずつ入れ、電子レンジで乾燥するまで加熱します。たらこの代わりに、煮干しをミキサーでくだいて使っても。

お弁当をおいしく作るコツ

お弁当の時間は、仕事や勉強の合間のお楽しみ。
ふたをあけたとき、笑顔になれるお弁当がうれしい。
前日の残りものや、作りおきは一度火を通すか、電子レンジにかけます。

A. おいしく見えるお弁当の詰め方

温かいごはんを詰めてさまします。きっちりと、でもべったりしないようにほどほどに

さめにくい料理から作ります

料理は別皿にとってさまします。ステンレスやアルミのトレーだと、早くさめます。トレーの下に保冷剤を敷いても

汁気をとって、大きいものから詰めます

B. 季節のひとくふう

夏　梅雨入りから残暑の9月ごろまでは、いたまないような注意を

- ごはんに梅干しをちぎって混ぜたり、酢を入れて炊きます。炊きこみごはんは、いたみやすいので避けます。
- お弁当箱に保冷剤を添えても。
- 容器はこまめに消毒。酢でふいてもよい。

冬　さめてもおいしく食べられるくふうを

- ごはんがかたくなりやすいので、やわらかめに炊きます。パンの日を増やしても。丼ものはごはんに汁気が入って、食べやすくなります。
- バターはさめると固まるので、サラダ油やオリーブ油を使います。

C. おいしいおにぎりのにぎり方

1

ごはんがなるべく熱いうちににぎります。お茶碗に、おにぎり1個分のごはんをとります

2

くぼませて具を入れます

3

塩水〔塩1：水10の割合〕を手につけます

4

ギュッとかたくにぎるのではなく、くずれない程度に、リズミカルに4〜5回にぎります

5

のりは、縦3〜4等分にして、巻きます

にぎったおにぎりは、焼きおにぎりにしても、おいしいものです。
焼いたものを1個ずつラップで包み、冷凍しておくと、子どものおやつにもなります

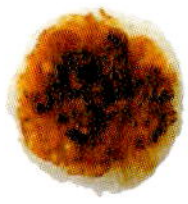

しょうゆの焼きおにぎり

作り方　オーブントースターの受け皿に、オーブンシートを敷きます。おにぎりの両面にしょうゆを軽く塗り、オーブントースターで10〜15分焼きます。冷凍する場合は、さめたら、ラップに包んで冷凍します。食べるときは電子レンジで温めます。

みそ味のバリエーションで　くるみみその焼きおにぎり

作り方（2個分）　**くるみ小さじ2**は、色づくまでフライパンでからいりします。細かくきざみます。**砂糖小さじ1**、**みそ小さじ2**、**酒大さじ1**、**しょうゆ小さじ$\frac{1}{2}$**を合わせてよく混ぜ、くるみを加えて混ぜます。おにぎりを両面焼き、みそを塗って乾かす程度に焼きます。

お弁当用すぐできる彩りおかず 彩り豊かに、見た目もおいしいお弁当に

赤

トマト、にんじん、ラディッシュ、さけ、梅干し、たらこ、りんご、いちご など

かんたんえびチリ

作り方（1人分）

1 豆板醤（トーバンジャン）**小さじ$\frac{1}{8}$、トマトケチャップ大さじ1、酒大さじ2、かたくり粉小さじ$\frac{1}{6}$**を合わせる。

2 サラダ油小さじ$\frac{1}{2}$で、**ねぎのみじん切り大さじ1**をさっといためる。**むきえび7尾**を加え、色が変わったら、**1**を加えて弱火で煮つめる。

赤ピーマンのドレッシング漬け

作り方（4人分）

1 赤ピーマン大1個（150g）は4等分に切り、グリルで皮が黒くなるまで焼く。

2 あら熱がとれたら、手に水をつけながら皮をむき、食べやすい大きさに切る。

3 ドレッシング（市販品）大さじ2につける。

黄

チーズ、かぼちゃ、とうもろこし、たくあん、パイナップル、レモン など

いなり卵

作り方（1人分）

1 いなりずし用の**味つき油揚げ1枚**は袋状に開き、**卵1個**を割り入れる。つまようじで口をとめ、皿にのせる。ラップをかける。

2 電子レンジで約1分30秒、卵が固まるまで加熱する。つまようじをとり、縦半分に切る。

レンジ茶巾（ちゃきん）

作り方（2人分）

1 卵1個は、**砂糖小さじ1**と**塩少々**を加えてよく混ぜる。ココットなどの小さい器2個にラップを大きめに敷き、卵液を半量ずつ入れて、ラップをひねってとじる。

2 器ごと電子レンジで20〜30秒加熱し、固まりかけたら、とり出して卵液を混ぜる。再びラップの口をひねって、さらに15〜20秒、卵が固まるまで加熱する。ラップごと器からとり出し、さらにラップをひねってさます。

緑

ピーマン、青菜、グリーンピース、ブロッコリー、しその葉、キウイフルーツ など

かぶの葉のおかかいため

作り方（4人分）

1 かぶの葉200gは細かく切る。**油大さじ$\frac{1}{2}$**で、かぶの葉をしんなりするまでいためる。

2 しょうゆ大さじ$\frac{1}{2}$、みりん大さじ$\frac{1}{2}$、酒大さじ1、けずりかつお5gを加えて、汁気がなくなるまでいり煮にする。

アスパラベーコンいため

作り方（1人分）

1 グリーンアスパラガス1本は、根元を切り落として、かたい部分の皮をむく。斜め薄切りにする。**ベーコン$\frac{1}{2}$枚**は1cm幅に切る。

2 サラダ油少々でベーコンをいため、脂が出たら、アスパラガスを加えていため、**塩・こしょう各少々**をふる。

黒

のり、ひじき、ごま、しいたけ、しめじ、こんぶ、プルーン、レーズン など

きくらげのしょうがいため

作り方（2人分）

1 きくらげ5個は水で約10分もどす。石づきをとり、半分に切る。**しょうが3g**は皮をこそげてせん切りにする。

2 ごま油小さじ$\frac{1}{2}$できくらげとしょうがをいためる。香りが出たら、**しょうゆ・酢各小さじ$\frac{1}{2}$**を加えて汁気がなくなるまでいため煮にする。

こんにゃくコチュジャンいため

作り方（4人分）

1 こんにゃく$\frac{1}{2}$枚は細かい切りこみを入れ、2cm角に切ってさっとゆでる。

2 フライパンに入れ、強火で1分ほどからいりする。**ごま油小さじ1**を加えていため、**砂糖小さじ1、しょうゆ小さじ2、コチュジャン小さじ$\frac{1}{2}$〜1**を加えて、からめる。

3 火を止めて、**けずりかつお3g**を混ぜる。

時間がない

冷蔵庫に
何もない

どうしよう、こまった! ときの
お助けおかず

遅く帰って時間のないとき、
冷蔵庫に材料が少ししかないとき、
おさいふが軽いとき……　そんなこまったときこそ、腕の見せどころ。
買いおきの材料や、ちょっと残った野菜に知恵とくふうをプラスして、
満足感があって、栄養のあるおかずを作りましょう。
家にあるもので、パッと料理が作れるようになれば、料理の腕前は
かなりのもの。やりくり上手の料理上手さんをめざしましょう!

ちょっとのくふうと、
たっぷりの愛情で

少しの材料さえあれば

だから

ボリュームがあって、
おいしい料理に変身

あってよかった!
こまったときに使える4つの材料

1.冷蔵庫にある食材

ーベーコン、ソーセージ、こま切れ肉
卵、牛乳、はくさいキムチ
たまねぎ、じゃがいも、にんじん、キャベツ

2.保存ができて、栄養満点の乾物

ー切り干しだいこん、ひじき

3.買いおきしておきたい食材

ーうなぎのかば焼き(冷凍しておく)、ツナ缶詰、
トマトの水煮缶詰、魚のかば焼き缶詰

4.たまには、店のおそうざいも

ー焼きとり、から揚げ

カレーチャーハン ＋ ショートパスタスープ のワンプレート

子ども

カレーの辛味に甘い半熟卵をプラスして、子どもも大好きな味に仕上げました。
カレー粉ではなく、ルウをといて入れるから、しっとりした味わいに仕上がります（香月）

こまった！
“時間がない”
を救うのはコレ

とにかく、なんとか作らなきゃ！というときは、ボリュームのあるチャーハンや丼などのごはんものがはずせません

カレーチャーハン

材料（2人分）

温かいごはん*—300g
たまねぎ—½個（100g）
ベーコン—2枚
白ワイン—大さじ1
A
- カレールウ**—30g
- 湯—カップ¼
- トマトケチャップ—大さじ1
- ウスターソース—大さじ1

サラダ油—大さじ1½
卵—2個
B
- 砂糖—小さじ2
- 塩—小さじ⅛

塩・こしょう—各少々

*冷凍ごはんを使うときは、電子レンジで温め、ほぐしておきます
**中辛が合います

15min 調理時間

作り方 ●1人分 626kcal

1 カレールウは適当な大きさに切り、分量の湯でときます。Aを合わせます。卵はときほぐし、Bを混ぜます。

2 たまねぎはみじん切りにし、ベーコンは1㎝幅に切ります。

3 フライパンに油大さじ1を温め、たまねぎを中火でいためます。しんなりしたら、ベーコンを加えていため、白ワインを加えます。

4 ごはんを加えて混ぜ、パラパラしてきたらAを加えてよく混ぜます。塩、こしょうで味をととのえて、器に盛ります。

5 フライパンをさっと洗い、油大さじ½を温めます。卵液を一気に加えて手早く混ぜます。丸く形作り、半熟状になったら、フライパンに入れたままフライ返しなどで半分に切り、**4**にのせます。

ショートパスタスープ

材料（2人分）

キャベツ（1㎝角に切る）
—1枚（60g）
ミックスベジタブル（冷凍）—20g
マカロニ（好みのもの）—15g
A
- 水—カップ1½
- 固形スープの素—½個

塩・こしょう—各少々

10min 調理時間

作り方 ●1人分 45kcal

鍋にキャベツ、凍ったままのミックスベジタブル、マカロニ、Aを入れて、マカロニの表示どおりにゆでます。塩、こしょうで味をととのえます。

“時間がない”
を救うのはコレ

電子レンジなら、蒸しものがたった4～5分でできあがり。ひとり分ずつ作れるので、帰宅の遅い家族も、作りたてが食べられます

こまった！

魚の香り蒸し ＋ カラフルピーマンのマリネ のワンプレート

下ごしらえいらずの切り身魚に、香味野菜をのせて、電子レンジでチン！　食卓で熱々の油をジュッとかけて、香りと味、楽しさをプラスすれば、電子レンジで作ったとは思えない味です（香月）

魚の香り蒸し

材料（4人分）

たい* — 4切れ（400g）
A［酒 — 大さじ1
　 塩 — 小さじ1
ねぎ — 1本
しょうが — 1かけ（10g）
しょうゆ — 小さじ1
ごま油 — 大さじ2

*たら、さわらなどの白身魚で作れます

10min 調理時間

作り方　●1人分 143kcal

1 たい4切れは耐熱皿に入れ、Aをふります。

2 しょうがはせん切りにします。ねぎは、10㎝長さに4つに切ります。縦に切り開いて芯をとり出し、芯は斜め薄切りにします。白い部分はせん切りにして、水にさらします。水気をきります。

3 **1**にねぎの芯としょうがをのせて、ラップをふんわりとかけます。電子レンジで3～4分加熱します。

4 蒸しあがったら、ねぎ、しょうがを除いて、器に盛ります。しょうゆをかけ、せん切りにしたねぎを1/4量ずつのせます。

5 ごま油を小鍋に入れて温め、食卓で**4**にかけます。

カラフルピーマンのマリネ

材料（4人分）

赤・黄ピーマン — 各大1/2個（合計150g）
　塩 — 小さじ1/3
A［酢 — 大さじ1
　 砂糖 — 小さじ1/2
　 塩 — 小さじ1/8
　 ごま油 — 小さじ1

15min 調理時間

作り方　●1人分 61kcal

1 Aは合わせます。

2 ピーマンは乱切りにし、塩をふります。しんなりしたら、Aに約10分つけます。

こまった！

"買物に行けない"
を救うのはコレ

冷凍しておいたソーセージや、キャベツの残り、じゃがいもなどをフル活用。冷蔵庫のお掃除にもなります

ソーセージ鍋

20min 調理時間

野菜を大ぶりに切るのが秘けつ。見た目がダイナミックだから、残り野菜を使ったとはだれにも気づかれません。ソーセージやベーコンに塩気があるので、味をみてから塩を加えましょう（藤岡）

材料（4人分）

ソーセージ — 4本（200g）
ベーコン — 2枚
じゃがいも — 2個（300g）
たまねぎ — 1個（200g）
キャベツ — ⅓個（400g）
にんじん — 1本（200g）
セロリ — 1本（100g）
にんにく — 1片（10g）
A
 固形スープの素 — 1個
 水 — カップ2
 トマト水煮缶詰（カット）*
 — 1缶（400g）
オレガノ（あれば） — 少々
塩・こしょう — 各少々

*ホールならつぶします。
トマトジュース、生のトマトでも。
※野菜は全部そろわなくても合計分量が合っていれば作れます。また、ほかの野菜に替えても作れます

作り方 ●1人分 332kcal

1 キャベツは芯ごと4等分にします。じゃがいもは、小さいものは丸のまま、大きいものは半分に切ります。水にさらして、水気をきります。たまねぎは縦4つに切ります。にんじんは大きめの乱切りにし、セロリは4cm長さに切ります。にんにくはつぶします。

2 ベーコンは半分に切ります。

3 大きめの鍋に野菜とAを入れ、強火にかけます。沸とうしたらアクをとり、オレガノを加えます。ふたをして弱火で約10分煮ます。野菜がやわらかくなったら、ソーセージとベーコンを加えて2～3分煮て、塩、こしょうで味をととのえます。

料理の小ワザ

●スープの具はかぼちゃ、はくさいなどなんでも使います。こぶ茶を入れて和風にしたり、カレー味にしてもおいしい。（池袋教室　越部百江）

●野菜スープはたっぷり作って、3段活用します。1日目はコンソメ味、2日目は生のトマトや水煮缶を入れて、具が少なくなった3日目は卵を加えて、ボリュームアップします。違う味でおいしく食べられます。（藤沢教室　永田佐代子）

うなぎの炊きこみごはん

お弁当

うなぎのかば焼きを米と一緒に炊きこむと、身がふっくらして、混ぜごはんにするよりおいしい。土鍋で炊いて食卓でパッとふたをあければ、家族から歓声があがること間違いなしです（藤岡）

60min 調理時間

材料（4人分）

米 — 米用カップ2（360ml）
　だし — カップ2（400ml）
うなぎのかば焼き — 1尾（150g）
にんじん — 1/4本（50g）
しめじ — 1/2パック（50g）
切り干しだいこん — 20g
A ┌ しょうゆ — 大さじ1
　│ 酒 — 大さじ1
　└ 塩 — 小さじ1/3
みつば — スポンジ1/4個分（5g）

作り方　●1人分 406kcal

1 米はといで土鍋に入れ、だしを加えて約20分おきます。

2 にんじんは3〜4cm長さの太めのせん切り、しめじは小房に分けます。切り干しだいこんは水でもみ洗いし、2cm長さに切ります。みつばは1.5cm長さに切ります。

3 うなぎは縦に半分にし、1.5cm長さに切ります。

4 **1**にみつば以外の**2**とAを入れて混ぜます。うなぎをのせ、ふたをして炊きます。中火で約10分、沸とうして蒸気が出たら、弱火にして約10分炊きます。炊きあがったら火を止めて、約10分むらします。みつばを散らし、さっくりと混ぜます。

※炊飯器で炊くときは、うなぎを半量にしてください

"買物に行けない"
を救うのはコレ

こまった！

たいした材料がなくても、冷凍しておいたうなぎのかば焼きをたすと、料理がグレードアップします。
常備の乾物は、頼りになる食材です

先生の かんたん recipe

ちくわのマヨネーズ焼き

つまみにぴったり。オーブントースターで作ります（名古屋教室　竹内淳子）

ちくわ5本は乱切りにし、**マヨネーズ大さじ2**、**青のり大さじ1**を混ぜてグラタン皿などに入れます。オーブントースターで約5分、少し色づくまで焼きます。

こまった！

“今日は給料日前”
を救うのはコレ

生揚げはおさいふにやさしくて、料理をボリュームアップしてくれます

たまねぎとツナのサラダ

あり合わせの野菜と、パッともどせる海藻サラダやわかめを組み合わせます。すぐ作れるわが家の定番です（銀座教室　南弥生）

10min 調理時間

材料（4人分）

たまねぎ — ½個（100g）
海藻サラダ（乾燥） — 5g
ツナ缶詰 — 1缶（80g）
けずりかつお — 1パック（4g）
しょうゆ — 小さじ2

作り方　●1人分 74kcal

1 海藻サラダは表示どおりにもどし、水気をきります。
2 たまねぎは薄切りにし、水にさらして水気をきります。
3 器に**1**、**2**、ツナを油ごと盛り、けずりかつおをのせます。食べるときにしょうゆをかけて、混ぜます。

生揚げのステーキ 野菜みそソース

15min 調理時間

夜遅く帰ってきたときや、昼食を食べすぎた日の夕食として軽く食べられて、満足感たっぷりです。ビールのおともとしても喜ばれます。ひと口大に切れば、お弁当用にもなります（藤岡）

お弁当

材料（4人分）

生揚げ — 2枚（400g）
たまねぎ — ½個（100g）
まいたけ — 1パック（100g）
A
　砂糖 — 大さじ1
　酒 — 大さじ2
　水 — 大さじ2
　みそ — 大さじ4
　豆板醤（トーバンジャン） — 小さじ1
ごま油 — 大さじ1
万能ねぎ — 2～3本

作り方　●1人分 233kcal

1 たまねぎは薄切りにし、まいたけは小房に分けます。万能ねぎは小口切りにします。
2 生揚げはさっと熱湯をかけて油抜きし、厚みを半分に切ります。Aは合わせます。
3 フライパンにごま油大さじ½を温め、生揚げを切り口のほうを下にして、中火で約2分焼きます。焼き色がついたら、裏返して1分ほど焼き、皿にとり出します。
4 ごま油大さじ½をたし、たまねぎ、まいたけを中火でいためます。たまねぎがしんなりしたらAを加え、混ぜながら汁気がなくなるまでいため煮にします。
5 **3**に**4**をのせ、万能ねぎを散らします。

豚肉と万能ねぎのうどん

深めのフライパンで具をいためたら、そのままつゆとうどんを加えて、さっと煮ればできあがり。ごまをたっぷりかけるのをお忘れなく。一段とおいしくなります（森）

材料（2人分）

冷凍うどん（または ゆでうどん）— 2玉
豚こま切れ肉 — 100g
A［しょうゆ・酒 — 各小さじ1］
万能ねぎ — ½束（50g）
サラダ油 — 小さじ1
B*［だし — カップ3 / しょうゆ — 大さじ2½ / みりん — 大さじ1］
すりごま（白）— 大さじ4

*Bの代わりに、めんつゆでも。表示どおりに薄め（かけつゆ程度）、カップ3を使います

15 min 調理時間

作り方　●1人分 452kcal

1 豚肉はAをもみこんで下味をつけます。
2 万能ねぎは3〜4cm長さに切ります。
3 深めのフライパンに油を温め、肉を中火でいためます。色が変わったらBを加えます。沸とうしたら、うどんを加えて1〜2分煮ます。万能ねぎを加え、器に盛ります。すりごまをかけます。

さんまのかば焼きスタミナいため

15 min 調理時間

缶詰を使えば、切る手間もいりません。味つけは、缶汁に酒やしょうゆをたします。このプラスαの味つけで、缶詰のくせが消えて、おいしく仕上がります（藤岡）

材料（2人分）

さんまのかば焼き缶詰 — 1缶（100g）
たまねぎ — ½個（100g）
にら — 1束（100g）
にんにく — 1片（10g）
しょうが — 1かけ（10g）
A［酒 — 大さじ½ / しょうゆ — 小さじ½ / こしょう — 少々］
サラダ油 — 大さじ1

作り方　●1人分 209kcal

1 かば焼きは缶の中で、さい箸でひと口大にします。
2 たまねぎは1cm幅のくし形、にらは3cm長さに切ります。
3 にんにく、しょうがは薄切りにします。
4 フライパンに油を温め、にんにく、しょうが、たまねぎを中火でいためます。たまねぎがしんなりしたら、にらとさんまのかば焼きを汁ごと加えます。Aを加えてさっといためます。

こまった！

“今日は給料日前”を救うのはコレ

手ごろな値段の缶詰は、給料日前のピンチを救ってくれる力強い味方。味がよく、コシのある冷凍うどんは、いざというときに役立ちます

こまった!

“今日は給料日前”
を救うのはコレ

キムチは、そのまま食べるだけでなく、料理にも活用できます。ツナの缶詰は、まとめ買いの定番食材

ビビンそうめん

そうめんが余ったときに、冷蔵庫の中身と相談しながら考えたレシピです。食べ飽きがちなそうめんが大変身しました。全部をよ～く混ぜて食べて(森)

15min 調理時間

材料(2人分)

そうめん — 3束(150g)
はくさいキムチ — 100g
さくらえび — 大さじ2
プリーツレタス — 2枚
しその葉 — 8枚
卵 — 2個

A ぽん酢しょうゆ(市販品)* — 大さじ2½
A ごま油 — 大さじ2

*ぽん酢しょうゆの代わりに、しょうゆ・酢各大さじ1でも

作り方 ●1人分 513kcal

1 レタスはひと口大にちぎります。しその葉は軸をとり、せん切りにし、水にさらして、水気をきります。
2 卵を小鉢に1個ずつ割り入れ、水を大さじ1(材料外)ずつ入れます。ラップをかけて、電子レンジで約1分、白身が固まるまで加熱します。ラップをはずします。
3 そうめんは表示どおりにゆでて、冷水にとって洗い、水気をしっかりきります。
4 ボールにAを合わせて、そうめんにからめ、さくらえび、キムチ、レタスをさくっと混ぜて器に盛ります。**2**としそをのせます。

ツナのクリーム風スープスパゲティ

子ども　15min 調理時間

ひとつの鍋でパスタが作れて、手間いらず。牛乳を使ってまろやかな味わいに仕上げました(香月)

材料(2人分)

ツナ缶詰 — 1缶(80g)
たまねぎ — ½個(100g)
しめじ — 1パック(100g)
にんにく — 1片(10g)
A 水 — カップ3½
A 固形スープの素 — 1個
スパゲティ — 160g
牛乳 — カップ½
塩 — 小さじ⅙
こしょう — 少々
粉チーズ — 大さじ1
イタリアンパセリ — 1枝

作り方 ●1人分 502kcal

1 にんにくはみじん切りにします。たまねぎは薄切りにします。しめじは小房に分けます。
2 深めの鍋にツナ(油ごと)とにんにくを弱火でいため、香りが出たら、たまねぎとしめじを加えて中火でいためます。たまねぎがしんなりしたら、Aを加えて強火にします。
3 沸とうしたらアクをとり、スパゲティを半分に折って**2**に加えます。時々かき混ぜながら、表示のゆで時間より1分ほど短めにゆでて、牛乳を加えます。沸とうしてきたら、塩、こしょうで味をととのえます。
4 器に盛り、チーズをふって、パセリを飾ります。

焼きとりのロコモコ風

ロコモコは、ごはんの上にハンバーグや目玉焼きをのせたハワイの丼です。できあいの焼きとりを使って、大胆にアレンジしました。ももや、つくねなど、いろいろな部位を使うとおいしい（香月）

子ども　お弁当

材料（2人分）

温かいごはん — 300g
焼きとり（市販品） — 4〜5本
たれ*
- 酒 — 大さじ2　しょうゆ — 大さじ1
- みりん — 大さじ1　砂糖 — 小さじ2

アボカド — ½個　卵 — 2個
サラダ油 — 小さじ1

*焼きとりのたれがあれば、酒大さじ1〜2でのばして使えます

10min 調理時間

作り方　●1人分 618kcal

1 焼きとりは串からはずします。たれの材料は鍋に合わせて温め、焼きとりを加えてからめます。

2 アボカドは、縦半分に切って種と皮をとります。縦半分に切って、7〜8㎜厚さに切ります（あればレモン汁少々をかけると、色が変わりにくい）。

3 フライパンに油を温め、目玉焼きを作ります。

4 ごはんを丼に盛り、たれを大さじ1ずつかけます。焼きとり、アボカド、目玉焼きをのせ、残りのたれをかけます。

チキン南蛮

子ども　お弁当　15min 調理時間

店で買ったから揚げは、独特のくせが気になりますが、甘酢につけると、味よく食べられます。とろとろのタルタルソースが、大人にも子どもにも人気です（渋谷教室　田中茂子）

材料（4人分）

とりのから揚げ（市販品） — 400g
A
- 砂糖 — 大さじ1
- 酢 — 大さじ2
- しょうゆ — 大さじ2
- みりん — 大さじ1

タルタルソース
- ゆで卵 — 1個
- マヨネーズ — 大さじ4
- らっきょう漬け — 2個
- 酢 — 小さじ1
- 塩・こしょう — 各少々

レタス — 4枚

作り方　●1人分 350kcal

1 から揚げはカリッとするまで、オーブントースターで温めます。

2 Aを鍋に入れて火にかけ、少し煮つめてとろみをつけます。**1**を加えて、からめます。

3 タルタルソースを作ります。らっきょうはみじん切りにします。ゆで卵はボールに入れてフォークでつぶし、ほかのソースの材料を加えて混ぜます。

4 レタスは細切りにして水に放し、パリッとしたら水気をきります。

5 **2**を盛ってタルタルソースをかけ、レタスを添えます。

こまった！

“時間がない”を救うのはコレ

店のおそうざいや冷凍食品に頼ったときは、ほんの少し手間をかけることで、「手抜き感」がなくなります

さくいん

豚肉

とり肉

牛肉

ひき肉

魚介類

あ

か

さ

た

わ

野菜、くだもの

あ

か

さ

た

な

は

ま

や

ら

ごはん、パン、めん類

卵

その他

作っておくと、便利なおかず

料理研究●ベターホーム協会／香月忍　藤岡圭子　森八重子
撮影●大井一範
スタイリング●青野康子
デザイン●山岡千春
イラスト●浅生ハルミン
校正●ペーパーハウス

初版発行　2007年9月1日
5刷　2007年12月15日

編集　財団法人ベターホーム協会
発行　株式会社ベターホーム出版局

〒150-8363
東京都渋谷区渋谷1-15-12
〔編集〕Tel.03-3407-0471
〔出版営業〕Tel.03-3407-4871
http://www.betterhome.jp

ISBN978-4-938508-97-5